JN115165

契約書が楽に読めるようになる

英文契約書の 基本表現

牧野 和夫 著

Encyclopedia
of Key Words
and Expressions
in English Contracts

日本加除出版株式会社

改訂版　はしがき

　2014年に初版を上梓して8年が過ぎた。その間に現在まで，ビジネスの分野では主にデジタル化の急速な進展を中心に大きな変化があった。この度「改訂版」を刊行させていただく機会に恵まれたので，ビジネスの分野からの強いニーズの変化に対応すべく，基本表現と例文の充実を行った。すなわち，「条件・範囲の限定」，「保証・損害賠償や免責」，「準拠法・紛争解決」の伝統的重要領域に加えて，「電子署名への対応」，「訴訟・裁判」，「NDA」，「IT」，「投資契約やMTA（試料引き渡し契約）の重要条項」の各節で基本表現と例文の充実を図ることで，読者諸賢の新しいニーズにも対応することとした。改訂版も初版以上に読者諸賢に可愛がっていただけることを願います。初版に加えて，今回の改訂版の企画・編集・刊行でもNY州弁護士の野口京子さんと日本加除出版編集部の岩尾奈津子さんに大変お世話になりました。

2022年10月
秋の深まりを感じつつ　虎ノ門愛宕のオフィスより

牧　野　和　夫

初版 はしがき

　英文契約書を生業にしてはや34年になる。この間ずっと，初学者が英文契約書をどのように勉強すれば最も効果的にいち早く一人前になれるかを常々考えていた。筆者も英文契約書では人一倍苦労したので，初学者のみなさんには少しでも苦労を和らげてもらいたいとの気持ちからである。

　そこで出てきた一つの答えが，基本的な表現を押さえておけば，英文契約書をかなり正確に読めるようになるし，契約交渉の相手方へ適切なカウンター（対案）を打つこともできるということである。

　そこで本書は，およそ800の基本表現や用語をカヴァーして，これらの用法を文例を通じて学ぶことで，英文契約書の基礎を習得していただこうというものである。

　本書では，初学者のために，最初に，英文契約書の基礎知識を理解し，それから基本表現と例文演習に入っていただくように構成されている。また，基本表現の習得と同時に，どの契約書にも必ず登場する一般条項（general provisions）もマスターできるように工夫している。基本表現と一般条項をマスターできれば，英文契約書の理解が格段に進歩するであろう。

　本書は，初学者はもちろん経験者にも役に立つように，基本表現集ということで辞典的に活用していただくことも考えている。

最後になるが，本書は，野口京子法務博士（ニューヨーク州司法試験合格者）の執筆協力がなければ世に出ることはなかった。また，企画と編集に際しては，日本加除出版株式会社の岩尾奈津子さんに大変にお世話になった。この場を借りて，両氏に厚く感謝の意を表する次第である。

　それでは，読者のみなさんと一緒に，英文契約書の基本表現を学ぶための旅に出ることにしよう。

平成26年11月
秋の色が濃くなった五反田島津山の自宅書斎にて

牧　野　和　夫

本書の紹介

基礎知識編

英文契約書の基礎知識を解説しています。

基本表現編

英文契約書に頻出の基本表現を文例とともに解説しています。
同時に，一般条項も学べます。

CONTENTS

目次

基本表現編

1 基本の表現 ―――――――――――――――――――――――― 30

【一般条項の中の基本表現】一覧

基礎知識編

① 英文契約書は怖くない

1. 英文契約書は難しいという先入観を捨て去ろう

　読者のみなさんは，英文契約書は難しいという先入観をお持ちかもしれませんが，まずお話ししておきたいのは，この先入観は誤っているということです。なぜなら，英文契約書で覚えておくべき表現方法や用語は，みなさんが所属される業界に限定すればもっと少なくなりますが，全ての業種でせいぜい800前後に限定されているからです。したがって，これら英文契約書の基本表現800（一般条項を含む）をマスターしさえすれば，英文契約書をスムーズに理解することができます。本書では，これらの基本的な表現のほとんどを，一般条項を含んで網羅しており，効率よく英文契約書で使われる表現を習得できるようになっています。一般条項とは，あらゆる種類の英文契約書に必ず登場してくる，法務的・管理的な条項をいいます。たとえば，不可抗力条項，守秘義務条項，契約譲渡禁止条項，準拠法，裁判管轄，仲裁合意などの条項です。

2. 相手を疑うことが英文契約書の学習の第一歩

　次に重要なことは，日本語の契約書と英文契約書とでは，書かれている根本思想がまったく違うことです。まずは，性善説を前提に書かれている「日本語の契約書」の場合は，基本的な事項のみを契約書で合意するので，契約書はシンプルで短いものが多いのです。これは，合意されていない点がトラブルや争いになっても，同じ日本語で話し合いができるので，話し合えば何とか解決できると契約当事者が期待しているからでしょう。

　それに対して，性悪説を前提に書かれている英文契約書は，条文の数も多く，各条文の文章も長く契約書全体のボリュームが大きいものが多いのです。そして，契約書の相手方は，契約を締結するときには良い顔をしているが，いざトラブルとなると相手方へ責任を押し付ける場合が多いのです。相手を信用できないので，契約書の中で問題となりそうな点をあらかじめ列挙しておき，それらに対する解決策を当事者間で合意しておくことが必要となります。もし解決

策が合意されていないと，裁判で解決するしか方法がなくなります。英文契約書を締結する当事者は国際間契約のケースが多いので，訴訟をするにしても国際訴訟になってしまい，膨大な費用と時間が掛かることになります。反対に，解決策が合意されていると，裁判になっても，違法なことを合意していない限りは，契約書の合意事項は裁判所により尊重されます。そこで，当事者は裁判をやっても無駄だ，契約書の合意内容に従おうということになり，結果的に裁判を回避することができます。

3. 英文契約書はなぜ難しい言葉で書かれているのか

　英文契約書はなぜ難しい言葉で書かれているのでしょうか。これは争いが生じたときに漏れがないように合意されているかと極度の心配性である契約書の起草者がドラフトしているからです。漏れがないかどうか心配ですから，同じような単語を使用したり，同じような表現や規定をしつこく繰り返したりしていることはお分かりになるでしょう。契約書の条項は，法律の条文のように，あらゆるケースを網羅できるように，後から多くの単語や文章が挿入されてきます。また，法律用語は言葉の内容が定義されていますので，現代風の易しい表現に置き換えたいところですが，置き換えると意味が変わってしまうリスクがありますので，安易に置き換えができません。これらの諸事情が英文契約書を難しくしているのです。ただし，最初にお話ししたように，英文契約書で覚えておくべき表現方法や用語は，せいぜい800前後に限定されているので，これらをマスターすれば英文契約書をスムーズに理解することができます。

2 英文契約書の基本事項（目的・成立要件・効力）

1. 英文契約書締結の目的

　英文契約書はなぜ作成され締結されるのか。答えは簡単です。後日争いが発生したときに，その解決策をあらかじめ契約書で合意しておけば非常にスムーズに解決することができます。契約自由の原則によって，契約内容は自由ですが，いったん合意すればそれは違法な内容でない限り裁判でも尊重されます。契約書でそんなに詳しく決めなくても後で話し合いでいくらでも解決できるのではないかとおっしゃる方もいるでしょう。それは考えが甘いです。

　紛争解決を仕事にしている弁護士の立場から言うと，まさに「転ばぬ先の杖」として英文契約書をしっかりした内容で取り交わすことが重要です。人間は面白いもので，うまくいっているときは文句を言いませんが，いざ自分が不利になると適当に言い訳を考えて責任を回避しようとしますし，さらには相手方へ責任を押し付けようとします。弁護士はそのような人をたくさん見てきています。基本的には「性悪説」で考えるべきです。英文契約書が締結される他の目的としては，裁判になったときに有力な証拠となること，消費者取引については消費者保護の観点から契約が書面によらなければ有効とされない場合があることなどが挙げられます。

2. 英文契約書の成立・有効要件

(1) 英文契約書が成立し法的に有効であるための要件

　基本的には，以下の四つの要件が必要になります。

契約の成立・有効要件	説　　明
①契約の申込みとそれに対する承諾があること（成立要件）	これにより当事者間の合意が成立します
②契約のお互いの約束が対価関係（約因）になっていること	英米法では，見返り（対価関係）がないと契約は法的拘束力を認められません

③契約締結能力があること（成立・有効要件）	契約を締結する者が法的に有効な契約を締結する能力を有しているかどうか
④契約の有効性を否定する事情が存在しないこと（有効要件）	たとえば，詐欺，強迫，錯誤，公序良俗違反，取締法規違反，書面性の要求を満たさないことなどがあります

(2) 有効な契約締結の効果

　有効な契約の締結によって，契約の当事者は契約に法的に拘束されます。裁判所に持っていっても有効な契約は裁判でも尊重されます。ただし，取締法規等の強行法規違反によって契約が無効となる場合は，契約の当事者は法的に拘束されません。

　ここで，「契約自由の原則」の説明をします。

契約自由の四つの原則	説　明	例　外
①内容の自由	契約で合意する内容は当事者の自由です	ただし例外として強行法規違反によって契約が無効となる場合を除きます
②方式の自由	契約で合意する方式（口頭か書面か，書面の場合は一定の書式に従うか）は当事者の自由です	ただし例外として，書面性が要求されている場合を除きます
③締結の自由	契約を締結するかしないかの自由です	自由競争を阻害する共同ボイコットなどは独占禁止法違反で例外的に無効とされます
④相手方の自由	契約を締結する相手方を誰にしようと自由です	自由競争を阻害する共同ボイコットなどは独占禁止法違反で例外的に無効とされます

　飲食店でぼったくりの被害に遭って警察に行っても「民事不介入の原則」を根拠に助けてもらえないといったケースを思い出してください。「契約自由の原則」から導かれる「契約自治の原則」により，契約当事者間で合意したことですので，明確な犯罪行為でない限りは，警察がそこへ介入してその契約の有効性をとやかく言うことはできないということなのです。

⑶　強行法規（規定）と任意規定を理解しよう

　以上見てきたように，簡単にいうと，「契約自由の原則」によって，契約当事者で合意された契約は尊重されますが，取締法規違反等の場合に例外的に無効とされる場合もあります。ここで，少し難しい言葉ですが，強行法規（規定）と任意規定について説明しておきましょう。もう少し分かりやすくいいますと，契約と法律（民法や取締法規）との関係ということになります。

　強行法規（規定）とは，簡単にいうと，締結された契約に法律違反があった場合に契約の内容を修正したり，契約自体を無効にしてしまうということです。契約の内容を修正したり，契約自体を無効にしてしまったりすることができる強力な法律のことを強行法規（規定）とよびます。たとえば，労働基準法で労働時間や休日や有給休暇の規定がありますが，これらは強行法規（規定）ですので，たとえば1か月間休みも取らずに1日12時間働きますという雇用契約が締結されたとしても，これらの労働時間や休日の強行法規（規定）が適用されて，その限度で雇用契約の内容が修正されます。

　それに対して，任意規定とは，たとえば民法に，売買の目的物の売主の契約不適合責任の規定があります。この契約不適合責任の規定に反して，たとえばこの責任を排除する契約を締結することは許されています。ところが売主の契約不適合責任について契約書で何も書かれていない場合には，この民法の規定が補充的に適用されて売主の契約不適合責任が契約当事者間で有効に適用されます。こうして，契約当事者間でその適用を排除できたり，あるいは，契約当事者間で特に合意がされていない場合に補充的に適用される法律の規定のことを「任意規定」とよびます。

　損害賠償責任に金額制限をつけるかどうかについても，法律では特に上限を決められていませんので，契約当事者間で特に上限の合意がされていないと青天井になりますので注意が必要です。

〔図解1〕英文契約書の有効な範囲のイメージ

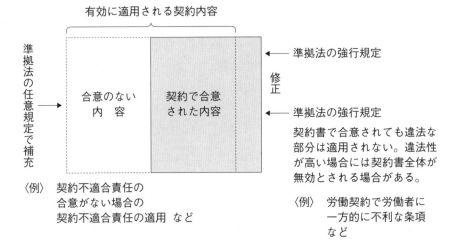

有効に適用される契約内容

準拠法の任意規定で補充 →

合意のない内容

契約で合意された内容

修正

← 準拠法の強行規定

← 準拠法の強行規定

契約書で合意されても違法な部分は適用されない。違法性が高い場合には契約書全体が無効とされる場合がある。

〈例〉 契約不適合責任の合意がない場合の契約不適合責任の適用 など

〈例〉 労働契約で労働者に一方的に不利な条項など

(4) 書くと無効になる条項とは

　契約書に書くとその条項が無効になる，あるいは，契約全体が無効になるリスクがある条項には具体的にどのような条項があるでしょうか。

【具体例1】　販売代理店契約書に「販売店は，供給業者から購入した本件製品を供給業者が指定する価格未満の価格で第三者へ再販売してはならない。」という，いわゆる再販売価格の拘束規定があった場合には，自由競争を阻害する不公正取引に該当するので，独占禁止法違反で当該規定が無効とされます。

【具体例2】　外国為替管理法で禁止されている対象国へタイから再輸出することを契約上規定している，買主であるタイの企業との売買契約は，取引自体が違法性を帯びることになり，禁止対象国への輸出行為が達成されなければ契約の目的を達成しないと解釈されますので，当該売買契約全体が無効になると解釈されます。

(5) 契約書に何も書いていないからといって責任を負わないことにはならない

　たとえば，契約違反による損害賠償責任について契約書には何も書いていなくても，民法の一般的なルールが適用されることになります。それによれば，契

約違反と発生した損害との間に法律的な因果関係（発生した損害が一般に予見が可能かどうか）が認められれば，金額的には上限はありません。つまり，損害賠償責任は青天井になります。

　また，たとえば，特許のライセンス契約書で改良技術の帰属（どちらの当事者に権利が帰属するか）について何も書いていなくても，特許法や著作権法の規定の一般的なルールが適用されます。

③ 英文契約書の分類

1. 英文契約書の二つのパターン

　実際の英文契約書には二つのパターンがあります。つまり，契約当事者がドラフトをやり取りして交渉して合意し，最終的な契約書に調印する場合と，運送約款や保険契約の約款などのように，あるいは，ネット上のショップで買い物をする場合の利用規約などのように，契約交渉の場面がなく，買主はそれを購入するか否かの選択肢しかない場合と二つのパターンがあります。ここでは，前者を交渉型，後者を約款型とよびます。

　約款型については，日本法では契約法を含む民法改正により定型約款のルールが規定されました。具体的には裁判所が個別に契約の成立と有効性を判断することになりますが，契約が成立している場合でも日本法では消費者契約法により消費者に一方的に不利な条項は無効になるとされています。まずは，約款型の代表選手である，「GENERAL TERMS AND CONDITIONS（一般取引条件）」のサンプルを見てみましょう。売買契約の一般取引条件のサンプルですが，売主の立場で書かれたものか，あるいは，買主の立場で書かれたものかを考えながら目を通してみてください。

GENERAL TERMS AND CONDITIONS	一般取引条件
1. Acceptance With respect to the goods purchased by Buyer from Seller ("Goods"), no contract exists until Buyer places order for delivery and such order is accepted by Seller's acknowledging receipt of the order, by Seller's commencement of work on the Goods ordered, or by Seller's shipment of the Goods, whichever occurs first. Any acceptance will be limited to the express terms contained on the face hereof. Additional or different terms in Buyer's	第1条　承諾 売主から買主が購入した商品（以下「商品」という）に関して，買主が引渡の注文を為すとともに，売主によるかかる注文受領の確認，注文商品の手配開始，または商品出荷のうち，いずれか早いものが生じた時点で契約が成立する。いかなる承諾も本契約書の文面に記載された明示の条件に限定される。買主の書式での追加的または異なる条件，もしくは買主による本見積書の条件を多少なりと

forms or any attempt by Buyer to vary in any degree any of the terms of this quotation shall be deemed material and are objected to and rejected, but this shall not prevent the formation of a contract between Buyer and Seller unless such variances are in the terms of the description, quantity, price or delivery schedule of the goods, and the order shall be deemed accepted by Seller without said additional or different terms. All Goods shall be deemed accepted by Buyer upon the earlier of (i) when Buyer uses such Goods in the ordinary course of its business or (ii) 45 days after delivery.

2. Payment Terms

Unless otherwise specified on this terms and conditions, payment terms are net 30 days from the date of invoice, subject to the approval of Seller's credit department.

3. Taxes

The price does not include any federal, state or local property, license, privilege, sales, use, excise, gross receipts, value added or other like taxes which may be applicable to, or imposed upon, the transaction, the goods, or the sale, transportation, delivery, value or use thereof, or any services performed in connection therewith. Such taxes are for the account of the Buyer and Buyer agrees to pay or reimburse any such taxes which Seller or its contractors or suppliers are required to pay.

4. Force Majeure

Seller shall not be liable for failure to perform or for delay in performance due to any cause beyond its reasonable control, including but not limited to fire, flood, strike or other labor difficulty, act of God,

も変更しようとするいかなる行為も実質的と見なされ、反対され拒否されるが、かかる変更が商品の明細、数量、価格または引渡予定の条件でない場合、これにより買主と売主間の契約の成立は妨げられず、注文は前述の追加的または異なる条件なしで売主によって承諾されたものと見なされる。全ての商品は次のいずれか早い時点で買主に受領されたものと見なされる。すなわち(i)買主が通常の事業で当該商品を使用する時点、または(ii)引渡後45日の時点である。

第2条 支払条件

本取引条項に別段の定めがない限り、支払条件は請求書の日付より30日以内とし、売主の審査部の承認を必要とする。

第3条 税金

価格には、取引、商品またはその販売、運送、引渡、本商品の価値もしくは使用、または本商品に関連して提供されるサービスに適用されまたは課せられる、連邦、州または郡の固定資産税、免許税、営業税、売上税、使用税、消費税、総受取金税、付加価値税、またはその他同様の税を含まない。かかる税は買主の負担とし、買主は売主またはその請負業者または供給者が支払いを要求された税金に対して支払いおよび補償することに同意する。

第4条 不可抗力

売主は、自らが合理的に支配できない事由による義務の不履行または履行の遅延について、その責任を負わないものとする。その事由とは、火災、洪水、ストライキまたはその他

any legal proceeding, act of any governmental authority, act of Buyer, war, riot, sabotage, civil disturbance, embargo, fuel or energy shortage, wreck or delay in transportation, major equipment breakdown, inability to obtain necessary labor, materials or manufacturing facilities from usual sources, or any act, delay or failure to act of Seller's suppliers and subcontractors of any tiers beyond Seller or such supplier's of subcontractor's reasonable control. In the event of delay of performance due to any such cause, the date of shipment or time for completion will be extended by a period of time reasonably necessary to overcome the effect of such delay.

の労働争議，天災，法的措置，政府機関の行為，買主の行為，戦争，暴動，妨害，反乱，禁輸措置，燃料不足，運送での事故または遅延，主要設備の故障，通常の調達元からの必要な労働，材料または生産設備の入手不能，もしくは，売主または売主の供給者ならびに下請け業者が合理的に支配できない原因による，売主の供給者およびいかなる階層の下請業者のいかなる行為，遅延または不履行を含み，かつそれらに限らないものとする。かかる事由による履行の遅延の場合，出荷日または履行の完了時間は，かかる遅延の影響を乗り越えるのに必要適切な期間だけ延長される。

5. Warranty

Seller warrants to Buyer that the Goods purchased by Buyer from Seller shall be free from defects in material and workmanship. This warranty is the only warranty applicable to the Goods. Seller's liability for breach of warranty shall be limited solely and exclusively to repairing or replacing, at Seller's option, the defective Goods.
THERE ARE NO OTHER WARRANTIES OF ANY KIND, EXPRESS OR IMPLIED, INCLUDING BUT NOT LIMITED TO THE IMPLIED WARRANTIES OF MERCHANTABILITY AND FITNESS FOR A PARTICULAR PURPOSE WHICH ARE HEREBY DISCLAIMED. THE REMEDIES SET FOR BREACH OF WARRANTIES SET FORTH ABOVE ARE EXCLUSIVE REMEDIES AND SELLER SHALL NOT BE RESPONSIBLE FOR ANY INDIRECT, SPECIAL, INCIDENTAL OR CONSEQUENTIAL DAMAGES.

第5条　保証

売主は買主に対して，売主から購入した商品は材料および製造上の欠陥がないことを保証する。本保証は本商品に適用される唯一の保証である。売主の保証違反に対する責任は，売主の選択するところにより，唯一かつ排他的に，欠陥商品の修補か，または商品の交換に限定されるものとする。売主は，明示または黙示を問わず，上記以外の保証を行うものではなく，市場性および特定目的への適合性の黙示保証を含む（但しこれに限定されない）その他一切の保証は放棄される。上記に定められた保証違反に対する救済は唯一の救済であり，売主は，間接，特別，付随的または派生的損害についても責任を負わないものとする。

6. Exclusions

The above warranty does not cover, and Seller will have no responsibility for any failure to meet any warranty caused by (i) any failure of Buyer or its agents to store, install, operate, inspect or maintain the Goods in accordance with the recommendations or specifications of the OEM or its agent manufacturer or in the absence of such recommendations or specifications, in accordance with the generally accepted practices of the industry, including but not limited to applicable quality assurance procedures relating to the installation or operation of the Goods or (ii) any design failure attributable, in whole or in part, to designs or specifications provided by the OEM or its agent manufacturer.

7. Limitation of Liability

In no event shall the liability of Seller for breach of any contractual provision relating to the Goods exceed the purchase price of the Goods quoted herein. In no event shall Seller be liable for any special, incidental or consequential damages arising out of Buyer's use or sale of the Goods or Seller's breach of any contractual provisions relating to the Goods, including but not limited to any loss of profits or production by Buyer. Any action resulting from any breach by Seller must be commenced within one year after the cause of action has accrued.

8. Indemnity

Except to the extent caused by Seller's breach of warranty, Buyer shall indemnify and hold harmless Seller, its employees, officers and directors, and their respective successors and assigns, (collectively, "Indemnities") from and against any and all

第6条　排除

上記保証は下記の項目を原因とするいかなる保証にも適用されないとともに，売主はそれらの保証に応じられないことに責任を負わない。(i)買主またはその代理人が，OEMまたはその下請製造業者の推奨もしくは仕様に従って，またはかかる推奨もしくは仕様がない状態で商品の設置もしくは運営に関して適用される品質保証過程を含む産業の一般的な履行に従って，製品の在庫，設置，運営，検査または維持ができなかったことによる保証，(ii)OEMまたはその下請製造業者から提供される設計または仕様の全部もしくは一部に起因する設計上の欠陥に対する保証。

第7条　責任制限

商品に関する契約条項違反に対する売主の保証は，いかなる場合であれ，本契約で見積もられた商品の購入価格を超えないものとする。売主は，いかなる場合であれ，買主の商品の使用または販売から生じた，または売主の商品に関する契約条項違反から生じた，買主の利益または生産の損失を含む(但しこれに限定されない)，特別，付随的または派生的損害に対して責任を負わない。売主の契約違反に対して訴訟を起こす場合は，訴訟の原因が発生してから1年以内に開始されなければならない。

第8条　免責

売主の保証違反を除き，買主は，商品によるまたは商品に関連して生じた，または買主，その従業員または代理人の過失行為または不作為から生じた，人身に対する傷害（死亡も含む）または財産への損害に対する，

liability, damages, claims, causes of action, losses, costs and expenses (including attorneys' fees) of any kind (collectively, "Damages") arising out of injuries to any person (including death) or damage to any property caused by or related to the Goods or any negligent act or omission of Buyer, its employees or agents. Buyer shall indemnify and hold harmless each of the Indemnities from and against any and all Damages, royalties and license fees arising from or for infringement of any patent by reason of any sale or use of the Goods or the manufacture of the Goods to Buyer's specifications or sample. Upon the tendering of any of the foregoing suits or claims to Buyer, Buyer shall defend the same at Buyer's expense. The foregoing obligations of Buyer shall apply whether Seller or Buyer defends such suit or claim.

9. Term & Termination

This agreement shall commence on the date of acceptance and shall continue for twelve (12) months from such date. This agreement shall automatically renew for an additional twelve (12) month term on each anniversary of the acceptance date, unless either party gives at least thirty (30) days' prior written notice of its intent to terminate. Seller agrees that it will continue to support Buyer's product needs for a period not to exceed one hundred and eighty (180) days from the termination date at the price stated in this quotation, solely for the purpose of enabling Buyer to resource its production requirements. If Buyer terminates this agreement and Seller has procured raw material in accordance with Buyer product releases for releases which would have occurred after the termination date, Buyer shall either (i) purchase such raw material from Seller at Seller's cost or

全ての責任，損害，クレーム，訴訟原因，損失，費用（弁護士費用も含む）からその従業員，執行役員および取締役，ならびにそれぞれの承継人と譲受人（以下，総称的に「被保証者」という）を防御・保証する。買主は，商品の販売もしくは使用，または買主の仕様もしくはサンプルによる商品の製造により，特許侵害から生じた全ての損害，ロイヤルティーおよびライセンス費用から被保証者を防御・保証する。買主に対する上記の訴えや申し立てが提訴された場合，買主は自己の費用で同様に弁護するものとする。上記の買主の義務は，売主買主を問わず，かかる訴えや申し立てに対して弁護する際に適用されるものとする。

第9条 期間と解除

本契約は承諾の日付に発効し，発効日より12ヶ月の間効力を有する。本契約は，引き続き，毎年，承諾の日付と同じ日付に自動的に延長される。但し，一方当事者が他方当事者に対し，30日前までに書面にて契約解除の意思を通知した場合は，その限りではない。売主は，買主が当該製品の製造の需要を入手できるようにすることのみを目的として，この見積書に記載された価格にて，契約解除日から180日を超えない期間，買主の製品需要に対する支援を継続する。買主が本契約を解除し，売主が，買主の製品発売に合わせて，解除日以降に生じるかかる発売のために原材料を調達してあった場合，買主は，(i)売主が決めた価格で売主から当該原材料を購入する，または(ii)当該原材料の在庫が終了するまで，売主から製品を購入するものとする。

(ii) purchase product until such time as Seller has exhausted such raw material supplies.

10. Changes

Any changes in orders requested by Buyer, including, without limitation, design, scope of work, delivery or increase or decrease in quantities shall only be effective if accepted in writing by Seller. Such changes may require other terms and conditions to be modified, including price terms and Seller reserves the right to make such adjustments.

11. General

The contract arising pursuant to this order shall be governed by the laws of the States of New York without giving effect to its conflict of law principles. The remedies provided herein shall be cumulative and in addition to any other remedies provided by law or equity. Either party's failure to insist on performance of any of the terms and conditions of this order or exercise any right shall not be deemed a waiver unless in writing signed by the party waiving performance. A waiver on one accession shall not thereafter operate as a waiver of any other terms, conditions or rights, whether of the same of similar type.

第10条 変更

買主から要求された注文の変更は，設計，業務範囲，引渡または数量の増減などを含めて，売主が書面にて同意した場合のみ有効となる。かかる変更では，価格条件を含むその他の条件の変更を必要とするため，売主はかかる調整を行う権利を留保する。

第11条 一般条項

本注文によって成立する契約は，ニューヨーク州法に準拠し，（買主の所在する実際の国や州の）抵触法の規定には影響されないものとする。本契約に定める救済方法は他の救済方法を排するものではなく，コモンロー上または衡平法上与えられるその他の救済方法との関係では付加的なものである。いずれの当事者が本注文の条件の履行を主張しない場合，または権利の行使を行わない場合にも，当該当事者が履行の放棄を署名した書面によらない限り，権利放棄とはみなされないものとする。特定の条項の権利放棄は，それ以降，その他の条件または権利（同一または同様の種類であれ）に対する権利放棄とはならないものとする。

　上記の一般取引条件は，売主の立場で書かれたものです。第11条以外は，すべて売主側に有利にドラフトされています。

　他方で，交渉型については，契約当事者間でいくつかの段階（ステップ）を踏むことになります。第一に，契約書のドラフト（起案）と相手方への提示です。第二に，そのドラフトをベースに契約当事者が交渉を行います。これは OK

これはのめないといったやりとりが何度も行われます。第三に，交渉の結果として契約の合意に達し，契約が締結されます。契約が締結されると安心してしまいますが，最も重要なのは，第四に，契約締結後の管理です。これは契約で合意した義務がきちんと履行されているかどうか確認する作業もありますし，例えばＩＴ業界の契約では，当初締結した内容のとおりに履行されることは多くなく，途中で契約内容（仕様，納期，対価など）を変更することが多く出てきます。

２．約款型と契約当事者間の「書式の争い」

　他方では，約款型については，「書式の争い」とよばれる大きな問題があります。たとえば，売主と買主でそれぞれ自社に有利な取引約款を相手方へ送付した場合にどちらが法的に優先するかという問題です。国際取引の場でも多くの学者が議論しています。日本の民法では次のように解釈され，最後に約款を相手へ送った当事者の約款が優先します。最後に相手方へ約款を送り込んだ方が基本的に勝利するところから「ラストショットルール（last shot rule）」とよばれています。

〔図解２〕

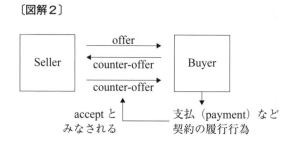

　基本的には，契約は申込みとそれに対する承諾で成立します。最初の売主からの見積書は売主の約款が付いています。この全体が売主から買主に対する契約の申込み（offer）になります。

　売主からの契約の申込みに対して，買主は注文書＋買主約款を送付しており，売主の申込みを契約条件を含めてそのまま承諾（acceptance）していません。こ

の買主からの注文書＋買主約款の送付によって，売主の申込みを拒絶する（reject）と同時に，売主に対して新たな申込み（counter-offer）をしていることになります。

次に，売主は，買主からの注文書＋買主約款の新たな申込みに対して，注文請書＋売主約款を買主へ送付しています。売主からの注文請書＋売主約款の送付は，買主の申込みを契約条件を含めてそのまま承諾（acceptance）していません。この売主からの注文請書＋売主約款の送付によって，買主の申込みを拒絶する（reject）と同時に，買主に対して新たな申込み（counter-offer）をしていることになります。

そこで，最後に（未だ承諾されていない）有効な申込みとして残っているのは，売主からの申込み（注文請書＋売主約款）ということになります。これが新たな申込みとして承諾されずに宙ぶらりんになっているのです。これを最後に承諾するのは買主の意思表示ではなく，契約の履行行為（買主の商品の受領や代金の支払）によって売主の申込みを承諾することができます。そこで最後に約款を送りつけて最終的に契約の履行をさせれば，最後に送りつけた約款が承諾されて有効になるという次第です。非常に複雑ですが欧米企業では貿易担当者でもこれは常識になっており，最後まで約款をしつこく送りつけてきますが，それに負けずにこちらもしつこく送り返すことが重要です。あまりしつこい場合にはメールで「お互いの約款は契約内容にならない旨の合意」をして休戦協定を結ぶとよいでしょう。

④ 英文契約書の条文の読み方

1. 英文契約書の5W1Hを押さえよう

契約書の各条項や各規定の5W1Hを押さえることは重要です。

5W1H	対　　象	具体例など
Who	契約当事者	
When	締結日，契約期間	
Where	締結地，履行地	
What	契約の対象	物品，ソフトウェアのライセンスなど
Why	契約の目的	売買契約，ライセンス契約
How	引渡条件，支払条件	

2. 英文契約書の5文型を押さえよう

英文法で習った5文型が役に立ちます。英文契約書は英文法（5文型）に従って書かれています。なぜなら，読む人によって解釈が異なると余計な争いになるからです。誰が読んでも同じ意味に解釈できるように作られています。

文　　型	文　　例
S V	This Agreement shall commence on the Effective Date hereof. 【訳例】 　本契約は，本契約の発効日より有効とする。
S V C	Any provision of this Agreement which contradict the laws of the jurisdiction where it shall be preformed, shall be null and void. 【訳例】 　本契約の条項が本契約を履行する場所に適用される法律と矛盾する場合には，それらの条項は無効とする。
S V O	Without the prior written authorization of Supplier, Distributor shall not represent, manufacture, market or sell in the Territory any

	products which are in competition with the Products for the entire term of this Agreement. 【訳例】　事前の書面による商品供給者の許諾なしに，本契約の有効期間中，本販売地域内において，販売特約店は本商品に競合する商品の販売代理，製造または販売をしてはならない。
ＳＶＯＯ	This Agreement shall not grant Buyer any license relating to the Products. 【訳例】 　本契約は買主に対して本件製品に関するいかなるライセンスも付与しない。
ＳＶＯＣ	IN WITNESS WHEREOF, the Parties hereto have caused this Agreement to be executed in duplicate by their duly authorized representatives. 【訳例】 　上記の証として，本契約当事者は，両当事者の正当な権限を有する代表者により本契約2通を締結せしめた。

【演習】　それでは，下記の英文（広告代理店契約の免責・補償条項）を文法に従って，解釈してみましょう。下記のような非常に難解と思われる文章も，図解3のように，すぐにその構成を理解することができます。

indemnify and hold harmless：〜を免責し補償する including, but not limited to：含むがこれに限定されない libel, slander, piracy, plagiarism, invasion of privacy, or infringement of copyright or other intellectual property interest：「名誉毀損，誹謗，剽窃，模倣，プライバシーの侵害もしくは著作権等知的財産権の侵害」 except where：場合を除く	Agency shall indemnify and hold harmless Advertiser with respect to any claims, loss, suit, liability or judgment suffered by Advertiser, including reasonable attorneys' fees and court costs, based upon or related to any item prepared by Agency or at Agency's direction, including, but not limited to, any claim of libel, slander, piracy, plagiarism, invasion of privacy, or infringement of copyright or other intellectual property interest, except where any such claim arises out of material supplied by Advertiser and incorporated into any materials or advertisement prepared by Agency.

〔図解3〕

〔主節〕

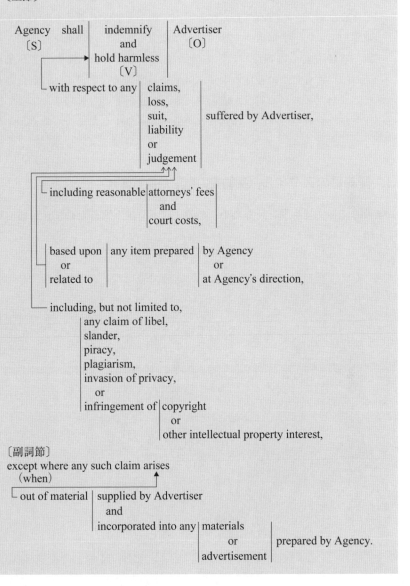

Agency   shall   indemnify   Advertiser
  〔S〕   and   〔O〕
                 hold harmless
                    〔V〕
        └ with respect to any claims,
                               loss,
                               suit,   suffered by Advertiser,
                               liability
                               or
                               judgement

            └ including reasonable attorneys' fees
                               and
                               court costs,

               based upon any item prepared by Agency
                  or   or
               related to   at Agency's direction,

            ── including, but not limited to,
                        any claim of libel,
                        slander,
                        piracy,
                        plagiarism,
                        invasion of privacy,
                           or
                        infringement of copyright
                                         or
                                         other intellectual property interest,

〔副詞節〕
except where any such claim arises
     (when)
     └ out of material supplied by Advertiser
                        and
                        incorporated into any materials
                                              or   prepared by Agency.
                                             advertisement

訳例 代理店によってもしくはその指示で制作されたアイテムに基づき，もしくはそれに関連して発生した，合理的な弁護士報酬および裁判費用を含む，広告主が被る，あらゆる請求，損失，訴訟，責任もしくは判決に関して，代理店は広告主を免責し補償する。これらの請求，損失，訴訟，責任もしくは判決には，名誉毀損，誹謗，剽窃，模倣，プライバシーの侵害もしくは著作権等知的財産権の侵害を含むがこれに限定されない。ただし，当該請求が広告主によって提供されて代理店によって制作された資料や広告に組み込まれた資料から発生した場合を除く。

３．契約書のスタイル（契約書の雛形が採る書式）

　効果的に英文契約書を読むため（あるいはドラフトするために）一般的な構成を知っておきましょう。

〔図解４〕

英文契約書のスタイル（書式）

<table>
<tr><td>SALE AND PURCHASE AGREEMENT</td><td>──── (1)表題</td></tr>
</table>

SALE AND PURCHASE AGREEMENT ──────── (1)表題

THIS AGREEMENT, made and entered into on this 10th day of April, 2022 by and between X, Ltd., a company organized and existing under the laws of Japan, having its principal place of business at X-X-X, Akasaka, Minato-ku, Tokyo, Japan（hereinafter referred to as "X"）and Y Corporation, a corporation organized and existing under the laws of the State of New York, having its principal place of business at 5 Fifth Avenue New York City, New York, USA（hereinafter referred to as "Y"）,
──── (2)頭書

WITNESSETH:

WHEREAS, X wishes to purchase the products（hereinafter "Products"）; and
WHEREAS, Y desires to sell the Products to X.

NOW, THEREFORE, in consideration of the premises and the mutual covenants and agreements contained herein, the Parties hereby agree as follows:
──── (3)前文（最近の書式では省略されることが多い）

Article 1 Definitions
Article 2 Confidentiality
──── (4)本文／一般条項

IN WITNESS WHEREOF, the Parties hereto have caused this Agreement to be executed in duplicate by their duly authorized representatives.
──── (5)結語／後文

（X）X, Ltd.   （Y）Y Corporation
By: _____   By: _____
Name: Name:
Title: Title:
Date: Date:
──── (6)署名欄

〔Attachment〕

日本語訳

売買契約書 ————————————(1)表題

本契約は、2022年4月10日に、日本の法律に基づき組織され存続し、その事業の主たる事務所を日本国東京都港区赤坂X-X-Xに有する法人、X株式会社（以下、Xという）ならびにニューヨーク州の法律に基づき組織され存続し、その事業の主たる事務所を、米国ニューヨーク州ニューヨーク市5番街5丁目に有する法人、Yコーポレーション（以下、Yという）との間に締結される。 ————(2)頭書

前文

Xは、製品（以下「製品」という）の購入を欲しており、

Yは、「製品」をXに販売することを希望している。 ————(3)前文

したがって、本契約の前提ならびに相互の誓約及び合意を約因として、本契約当事者は、次のとおり合意する。

第1条　定義
第2条　秘密保持 ————(4)本文／一般条項
　　：
本契約の証として、本契約当事者は、正式に権限を有する代表者をして本書2通を締結せしめた。 ————(5)結語／後文

（X）X株式会社　　　（Y）Yコーポレーション
署名：＿＿＿＿＿＿＿　署名：＿＿＿＿＿＿＿＿＿＿
氏名：　　　　　　　　氏名： ————(6)署名欄
肩書：　　　　　　　　肩書：
日付：　　　　　　　　日付：

［別紙］

英文契約書の種類・形式

1. 基本契約書（Master Agreement）と個別契約書（Individual Contract）との関係

　たとえば，継続的な取引あるいは反復する可能性のある取引を予定している場合には，その都度契約当事者が取引の条件を交渉して契約を締結することは時間も手間も掛かります。そこで，そのような場合には，あらかじめ基本的な契約条件（基本契約）を当事者間で合意しておき，それに基づき簡潔な個別契約を締結して，基本契約の条件を適用する便法を使います。たとえば，売買の基本契約書をあらかじめ締結し，それに基づいて，買主が（対象商品，数量，金額，納期などを記載した）注文書を発行し，それに対して売主が注文請書を発行することにより，個別の売買契約書が締結されます。この個別売買契約書に売買基本契約書の条件が適用されます。

　基本契約書（Master Agreement）と個別契約書（Individual Contract）とで矛盾する規定がある場合に，いずれが優先するか規定がない場合には，どちらが優先すると解釈すべきでしょうか。基本契約書と個別契約書との関係については，基本契約書に基づき簡潔な個別契約を締結して，基本契約の条件を適用する便法を使います。しかしながら，基本契約書の規定と個別契約書の規定が結果的に矛盾してしまった場合にどちらの規定が優先して適用されるのでしょうか。どちらが優先するかについて特に規定が設けられなかった場合には，一般的な解釈では，個別契約書の規定が優先するでしょう。個別契約書が多くは日付的に後であるので基本契約書の変更と見られること，基本契約書に比べると個別契約書の方がより詳細に記載されていることなどの理由が挙げられています。

2. 正式（最終）契約書（Final Agreement）と覚書（暫定合意書,レター・オブ・インテント）（Memorandum, Letter of Intent）

　正式（最終）契約書とは，契約当事者が最終的に契約書を締結した場合をいい，他方，正式（最終）契約書の締結に至っていないが，種々の理由により，それまでに合意されている基本的事項を合意する場合が覚書（暫定合意書，レ

ター・オブ・インテント）です。

３．契約変更と覚書(Amendments, Memorandum, Addendum) ─

　いったん正式（最終）契約書が締結された後で，契約条件や内容が変更され
ることがあり得ます。その場合には,「変更契約」のタイトルで変更内容を合意
し締結することもありますし,「覚書」のタイトルで変更内容を合意し締結する
こともあります。契約変更の場合にも「覚書」の型式を採る場合があります。
　たとえばシステム開発委託契約書などの IT 関連の契約では，仕様，委託料,
納期の三つの条件が重要ですが，契約締結後に仕様の変更が頻繁に行われます。
その際に，いちいち両当事者の代表者が書面で変更契約を取り交わすのは，実
務的に効率が悪いでしょう。そこで契約書に両当事者のプロジェクト責任者を
決めておき，その責任者へこうした実務上の仕様変更について権限を与えてお
き，契約変更に対応することが行われています。

４．一般条項（general provisions）とは？ ─

　一般条項（general provisions）は，英文契約書の最後に必ず登場する，法務・
管理的な性格の条項のことをいいます。売買契約書，ライセンス契約書，秘密
保持契約書，合弁事業契約書などのいかなる種類の英文契約書であっても，最
後に必ず登場する条項です。たとえば，次のような条項があります。

定義（Definition）
秘密保持（Confidentiality）
不可抗力（Force Majeure）
契約期間（Term）
契約期間満了前の解除（Termination Before Expiration）
契約終了の効果（Effects of Termination）
契約の存続条項（Survival）
契約譲渡（No Assignments）
通知（Notice）
完全合意（Entire Agreement）
準拠法（Governing Law）
裁判管轄（Jurisdiction）もしくは紛争および仲裁（Dispute and Arbitration）
権利放棄（Waiver）
可分性（Severability）
代理関係（No Agency）
見出し（Headings）
救済（Remedy）
反社会的勢力（Anti-social Forces）

　一般条項をマスターしておくことで，どんな種類の英文契約書が相手方から提示されても，一般条項の部分は短時間で自信を持ってレビューできますので，ビジネス関連などの実質的条項のレビューに時間を効率的に使うことができます。本書の目次頁xviiiに【一般条項の中の基本表現】一覧が掲載されていますので参考にしてください。

5．英文契約書のドラフト

⑴　ドラフトの実際と雛形の入手方法

　英文契約書のドラフトの実際をみてみましょう。英文契約書のドラフトでは，ゼロからドラフトする人はほとんどいません。適切な雛形を見つけることができれば，それで仕事の80％は終わると言われています。それでは，英文契約書の雛形はどのように入手すればよいでしょうか。

　①　契約の相手方から入手する

　これは最も実務で使用できる方法です。ただし，自社で雛形を作成する場合

には，ファイルの編集履歴を消す（変更を承認する）必要があります。履歴が残ったまま相手方に提示すると，第三者との交渉（編集）の履歴が見えてしまうからです。

なお，契約書が著作物として保護されるかどうかは議論がありますが，少なくとも他社の雛形を参考にして自社雛形を独自に作成することは問題ない場合が多いでしょう。

② 市販の契約書雛形集（書籍や CD-ROM など）

市販の英文契約書の雛形集では，どのような雛形集が役に立つでしょうか。書店では，多くの契約書の雛形集が並んでいます。最近では，データベース化した契約書の雛形集を提供している会社や出版社もあります。

まずは，著者や編者の経歴を見て，みなさんが所属されている業界（例えば自動車業界）と同じ業界の経歴がある方の雛形集は，おそらく使えるものが多く含まれていると思います。つまり契約書も業界によって使用される種類が異なりますので，同じ業界に居た方が書いた解説書が有用となるのです。

ただし，市販の契約書雛形集は古いものが多いので，そのままドラフトとして使用する場合には，その点を認識しておく必要があるでしょう。特に，IT 関連の契約書，NDA や一般条項は近年，進歩・変化が激しいので注意が必要です。

③ ウェブから入手する

有料サービス（LexisNexis の契約書式など）のほか，Law Insider, onecle, signaturely, Signwell など無料サービスも多いですが，自己の知見で適切な雛形を探すことが必要です。

④ 自分でオリジナルを作る

最後に，取引形態に近い雛形が見つからない場合には，自分でオリジナルを作るしかありません。例えば，暫定的な覚書や合弁事業契約書はオリジナルで作成する場合が多いでしょう。その場合には，まず契約書の骨子（目次）を構成して，それへ徐々に肉付けしていくとよいでしょう。

(2) 英文契約書の雛形の管理と活用

① 適切な雛形の見つけ方

適切な雛形を見つける以前に，誤った雛形をつかまないようにすることが最も重要です。そのために，検索の対象となっている雛形がどちらの立場で書か

れているかを理解・認識したうえで精査することが必要です（例えば，売買契約書の場合に，売主の立場で書かれたものと，買主の立場で書かれたものでは内容や場合によっては契約構成が異なる場合もあります）。そのため，何ら説明書きなしに雛形が必要以上に多く存在することは，百害あって一利なしといえます。長期的には，管理すべき雛形を一度整理して，できれば各雛形に契約内容のサマリーを付けておくべきでしょう。

　②　雛形の管理

　最も重要な点は，必ず「初回提示版」を雛形として管理することです。仮に，実際の調印版を雛形（基本形）として管理してしまった場合に，それを他社へ提示するときのドラフトへ使用してしまうと，もともと調印版は妥協の産物であるので，それを相手へ提示するとそこからさらに譲歩を要求されることになります。また，妥協の産物であるので表現が玉虫色になっていることがあり，紛争時にその表現の解釈が争点となるリスクもあります。そこで，必ず「初回提示版」を雛形として管理することが必要です。徹底するならば，今後の誤使用を避けるために，調印版は，両当事者がサインをしたという証拠として調印版のPDFだけを残し，それに至るまでに作成したワード版ファイルは思い切って捨てるようにすべきです。

　なお，雛形の分類方法については，（例えば，Sale and Purchase Agreement, Distributor Agreement, License Agreement, Joint Venture Agreement などの）ある程度大きな分類の方が利用しやすいでしょう。マニアックな細かい分類をすると，雛形がどこかの分類へ埋没してしまい，探せないこともあるからです。

(3)　用語の調べ方

　雛形集のほかに，英文契約書の読み書きのために役に立つ辞典は用意する必要がありますが，法律英語でご高名な長谷川俊明弁護士が編集された「LAWDAS法律英語辞典」（Lexis/Nexis Japan）がとりわけ英文契約書に必要な用語が網羅されています。

基本表現編

shall (shall not) ◆ should ◆ must ◆ will ◆ may ◆ can ◆ and/or ◆ whether or not ◆ 指示語 here- 前置詞 ◆ 指示語 there- 前置詞 ◆ notwithstanding ◆ specified ◆ in consideration of〜 ◆ due to〜 ◆ collectively ◆ with regard to〜 ◆ in favor of〜 ◆ on behalf of〜 / on one's behalf ◆ to the contrary ◆ in possession ◆ the foregoing provisions ◆ in whatever medium / in〜or other medium

英文契約書で使用される助動詞は限られています。以下の文例で具体的な使い方を見てみましょう。

shall (shall not)　★★★

①義務・強制の意味「〜しなければならない，〜するものとする」

shall have the duty to〜，be required to〜，be under the obligation to〜，be obligated to〜，shall be required to〜，shall be under the obligation to〜，shall be obligated to〜も同じ意味です。

provided in〜： 〜に規定される statement of work： 仕様 attached hereto： 本契約に添付される	Developer **shall** complete the design of the Product in accordance with the specifications <u>provided in</u> the Statement of Work <u>attached hereto</u> as Appendix I ("Product Specification").

訳例 受託開発者は，別紙Ⅰとして<u>本契約に添付される</u>作業明細書（SOW）に<u>規定される</u>仕様（以下「製品仕様」という）に従って本製品の設計を完成するものとする。

Exhibit A hereof： 本契約別紙A	Price of the Products **shall** be provided in <u>Exhibit A hereof</u>.

訳例 本件製品の価格は<u>本契約別紙A</u>に規定するものとする。

②禁止の意味「〜してはならない」

be prohibited from〜-ing, be not allowed to〜, may not〜, no〜will be〜と同じ意味です。

---

without the prior
written authorization
of〜：〜の事前の書
面による許諾なしに

Without the prior written authorization of Supplier, Distributor **shall not** represent, manufacture, market or sell in the Territory any products which are in competition with the Products for the term of this Agreement.

訳例 事前の書面による商品供給者の許諾なしに, 本契約の有効期間中, 本販売地域内において, 販売特約店は本商品に競合する商品の販売代理, 製造, 市場開拓または販売をしてはならない。

The Seller does not employ any person below the age of 16 to produce the Products. Where local standards are higher, **no** person under the legal minimum age **will be** employed.

訳例 売主は, 本件製品を生産するために, 16歳未満の者を雇用しない。生産地での労働法基準が上記より厳格な場合には, かかる法的な最低年齢未満の者が雇用されてはならない。

Company **is prohibited from** providing services to a direct or indirect competitor of ABC during the Term.

訳例 会社は, 本契約期間中, ABC と直接または間接に競合する会社にサービスを提供してはならないものとする。

なお, 参考として, shall not が「決して〜ない」という「否定の強調」の意味を表す例を下記に挙げます。「否定の強調を表す表現」については, 別の章を立てて説明しています。

| be liable to〜：
〜に対して責任を負
う
a third party：
第三者 | Provider **shall not** be liable to Customer or a third party for any claims, costs, loss and damages arising out of a breach of any provision of this Agreement if such breach is not caused by intentional or gross negligent conducts of Provider. |

> **訳例** プロバイダーは，本契約上の各条項違反により発生した請求，支出の損失および損害に関して，当該違反がプロバイダーの故意・重過失の行為に起因しない場合には，顧客または第三者に対していかなる責任も負わないものとする。

should ▶ 〜すべきである（義務の意味）　★★

shall の代用で使用されることがあります。

| discrepancy：
食い違い，相違
precedence：
優先して | When there were any discrepancies between the Japanese versions and the English ones, the Japanese version **should** have precedence. |

> **訳例** 日本語版と英語版に相違があった場合は，日本語版が優先する。

must ▶ 〜しなければならない（義務の意味）　★★

shall の代用で使用されることがあります。

Agent **must** carry out its activity without recourse to sub-agents.

> **訳例** 代理店は，復代理店を起用せずに活動を行わなければならない。

will ▶ 〜しなければならない（義務の意味）　★★★

特に IT 業界を中心に，shall の代用で使用されることが多いです。

Subject to the terms of this Agreement, Developer **will** provide Services to Company.

訳例 本契約の定めるところに従い，受託開発者は，本業務を委託者に提供するものとする。

may ▶「〜する権利がある，〜することができる」 ★★★

①権利を表す場合

be entitled to〜，shall be entitled to〜，shall have the right to〜も同じ意味です。

at one's own
expense：自らの費
用で
If Seller has delivered the Goods before the date for delivery, he **may** rectify at his own expense any failure to perform his obligations if without delay, it gives notice to Buyer indicating the proposed manner and timing of such rectification.

訳例 もし，売主が引渡日前に本商品を引き渡した場合，売主の義務の不履行につき，自らの費用で是正することができる。ただし，遅滞なく，買主に対して，是正の提案方法や時期を示す通知をしなければならない。

and/or：および／も
しくは（and か or の
いずれかを選択して，
すべての組み合わせ
を網羅するもの）
In case that the Inventions conceived by me are applied for a patent by Company and/or officially registered, I **am entitled to** a financial compensation from Company in accordance with Company's invention rule.

訳例 私が着想した発明等が会社によって特許申請され，または正式に登録された場合，私は，会社の発明規程に従って会社から報奨金を受ける権利を有します。

②許可を表す場合　〜することができる，〜することが許されている

be allowed to〜，be permitted to〜，be able to〜も同じ意味です。

Publisher shall **be permitted to** publish this edition of Book.

訳例 出版者は本件書籍の本版を出版することができる。

can ★

may（〜する権利がある，〜することができる）の代用で使用されることがあります。

接続詞　and/or　および／もしくは，および／または

まず，and と or のそれぞれ単体での使い方を見ていきましょう。

"and"単体では「および」「ならびに」を意味します。他方，"or"単体では「または」「もしくは」を意味します。

"and"と"or"にはそれぞれ，「小さなくくり」と「大きなくくり」があります。以下，例文を使って説明します。

> therein：
> therein は，以前に出てきた語句を指します。ここでは，in the Software, Documentation and all other related materials〜と同じ意味です。

The Software, Documentation **and** all other related materials provided to Customer, **and** all intellectual property rights therein, shall belong to the Licensor.

訳例 本件顧客に提供される本件ソフトウェア，付属資料およびその他すべての関連資料，ならびにそれらに対するすべての知的財産権はライセンサーに帰属する。

最初の and は〈小さなくくり〉で「および」と訳出しています。そして，2番目の and は〈大きなくくり〉で「ならびに」と訳出しています。

つまり，"the Software, Documentation and all other related materials provided to Customer"「本件顧客に提供される本件ソフトウェア，付属資料およびその他すべての関連資料」が第1グループです。"all intellectual property rights therein"「それらに対するすべての知的財産権」が第2グループです。この二

つのグループをつないでいるのが，2番目の and〈大きなくくり〉という構造です。つまり第1グループはソフトウェアと資料を，第2グループは知的財産権を意味し，両グループは並列されているのです。

or の場合も同様です。

"Either Party files a petition or has a petition filed against it by any person for corporate reorganization, bankruptcy or sale by public auction or similar procedure." 「当事者のいずれかが，会社更生，破産もしくは競売または同様の手続を申し立てた，あるいはそのような手続を他者から申し立てられた（場合）」という文章（これは契約の解除事由のひとつです）の後半部分に着目してみましょう。

"corporate reorganization, bankruptcy or sale by public auction or similar procedure"
訳例「会社更生，破産もしくは競売または同様の手続」

最初の or は〈小さなくくり〉で「もしくは」と訳出しています。そして，2番目の or は〈大きなくくり〉で「または」と訳出しています。

つまり，"corporate reorganization, bankruptcy or sale by public auction" が第1グループ，"similar procedure" が第2グループで，2番目の or〈大きなくくり〉の存在により，「どちらかのグループ（が実現したら，契約の解除事由となる）」という構造になっています。2番目の or〈大きなくくり〉は，similar procedure をも選択肢に加える役割を果たし，結局のところ，（会社更正や破産などと）同様・類似の手続でも，契約の解除事由になり得ることを示しています。

それでは二つの単語を使う "and/or" はどうでしょうか。これは，and「および」と or「もしくは」の両方を，またはいずれかを選択できることを表現しているのです。この用語は逐語訳をすれば「および／もしくは」あるいは「および／または」となります。または，意訳をして「または」「もしくは」や「あるいは」などと訳出することができます。and/orと重畳して表記する目的は，すべての組み合わせを網羅して漏れがないようにしようというものですので，意訳をして「または」「もしくは」や「あるいは」でも日本語訳として成り立ちます。

books and records： 会計帳簿 immediately： 直ちに regarding〜： 〜に関して	All <u>books and records</u> shall be <u>immediately</u> returned to Company by Consultant on any termination of engagement, whether or not any dispute exists between Company and Consultant at, <u>regarding</u> **and/or** following the termination of this Agreement.

訳例 契約関係が終了した場合は，いかなる<u>会計帳簿</u>も，コンサルタントから会社へ<u>直ちに</u>返還されなければならず，これは，本契約の終了当時に，本契約終了<u>に関して</u>，あるいは本契約終了後に引き続き，会社・コンサルタント間にいかなる論争があろうとも変わらない。

whether or not ▶「〜であるか否かを問わず」　★★★

thereof： ここでは of motion pictures cinematography and films of every kind の意味です。 now or hereafter： 現在または将来の	"Production" means motion pictures, cinematography and films of every kind as well as trailers and clips <u>thereof</u>, **whether or not** accompanied by sound and whether <u>now or hereafter</u> known, invented, devised or contemplated.

訳例 「映画作品」とは，あらゆる種類の動画，映画，フィルムおよびその予告編ならびに一部のクリップをいい，音声を伴うものであるか否かを問わず，現在または将来に制作されるものを含む。

whether now or hereafter known, invented, devised or contemplated を訳すと，「現在か将来かを問わず，知られている，開発され，発明され，考案もしくは制作される」となりますが，冗長なので，上記訳例のようにまとめています。invented, devised or contemplated は，「制作される」を表す重畳的な表現です。

＊whether latent or patent

「隠れたものであるか，明白なものであるかを問わず」

protect, defend, hold harmless and indemnify X from and against～： X を～から保護し，防御し，免責する whomsoever： whomever の強調形	Seller agrees to protect, defend, hold harmless and indemnify Buyer, its officers, trustees, employees and agents from and against any and all claims, actions, liabilities, losses, costs, damages and expenses arising out of or related to any actual or alleged death of or injury to any person, damage to any property, or any other damage or loss, by whomsoever suffered, resulting or claimed to result in whole or in part from any actual or alleged defect in such Products, **whether latent or patent**.

訳例 売主は，隠れたものであるか，明白なものであるかを問わず，現実のもしくは主張された 製品欠陥から全部もしくは一部が発生した，もしくは発生したと主張された，被害者を問わない，人の死傷，財産への損害またはその他の損害や損失からもしくはそれに関連して生じたあらゆる請求，訴訟，責任，損失，経費，損害および費用から，買主，その役員，受託者，従業員および代理人を保護し，防御し，免責することに同意する。

指示語　here- 前置詞　★★★

here は this Agreement（本契約）もしくは this Article（本条）と理解するとすっきりします。

here と前置詞が結合した指示語である hereto, hereof, herein, hereby, hereunder, herewith, hereinafter が頻出の表現です。

＊hereto, hereof「本契約の，本契約に」

それぞれ to this Agreement, of this Agreement と理解します。

warrant：
保証する

Both Parties **hereto** warrants that they have obtained all necessary authorization and consents.

訳例 本契約の当事者は，必要なすべての権限および本契約の各当事者の同意を得ていることを保証する。

＊hereinafter referred to as "〜"「以下〜という」

定義づけする際の言い回しです。

made and entered
into：締結された

THIS AGREEMENT（**hereinafter referred to as** "Agreement"）made and entered into…。

訳例 本契約は，…（以下「原契約書」という）…締結され…。

＊now or hereafter「本契約日の現在もしくはその後に」

この場合には，here は the date of this Agreement と解釈します。

reimburse：
補償する

Fees are exclusive of any taxes, duties or fees of any kind, including sales or use taxes **now or hereafter** assessed against Developer's rendering of Services, and all such taxes or fees will be paid or reimbursed by Company.

訳例 委託料は，税金その他いかなる料金（受託開発者の本業務の提供に対して本契約日の現在もしくはその後に課される販売税もしくは利用税を含む）も含まず，かかる税金および料金は委託者が支払または補償するものとする。

＊on the subject matter hereof「本契約の主題に関する」

on the subject matter of this Agreement という意味になります。

terminate： 解除する supersede： 優先する	This Agreement terminates and supersedes all prior understandings or agreements **on the subject matter hereof**.

訳例 本契約は，主題に関するすべての事前の理解もしくは合意を解除し，それらに優先するものである。

＊terms hereof「本契約の条項／条件」

terms of this Agreement という意味になります。

be executed and duplicated： 締結・複製された	This Agreement shall be executed and duplicated in the English language and translation of this Agreement into Japanese or other languages shall not have any effect on the interpretation of the **terms hereof**.

訳例 本契約は，英語により締結・複製され，本契約の日本語訳またはその他の言語の訳は，本契約の条項を解釈するにあたってはいかなる効力も有しないものとする。

＊the date hereof「契約日」／the effective date hereof「契約の発効日」

　それぞれ the date of this Agreement, the effective date of this Agreement と解釈します。「契約日」は契約締結日，合意日，契約成立日です。他方，「契約の発効日」は合意された契約が効力を発生する日です。両者の（一致することはありますが）意味は基本的に別のものです。

commence： 開始する unless otherwise～： ただし，～の場合は この限りでない	This Agreement shall commence on **the Effective Date hereof** and continue and be effective for a period of five (5) years from the Effective Date, unless otherwise terminated by the relevant provisions of this agreement.

訳例 本契約は，本契約の発効日より始まり5年間有効とする。ただし，本契約の関連する条項により（その終了を待たずに）解除された場合は，この限りでない。

＊contemplated hereunder「**本契約上想定される**」

contemplated under this Agreement という意味です。

Any public release, verbal or written, regarding the transaction **contemplated hereunder** shall be approved by the other Party in advance.

訳例 口頭でも書面でも，本契約上想定される取引に関して一般公開する場合には，あらかじめ相手方の許可を得るものとする。

＊now in existence or hereafter devised「**現存しまたは将来新たに開発される**」

"Media" shall include any and all media and markets whether **now in existence or hereafter devised**.

訳例 「媒体」には，現存しまたは将来新たに開発されるすべての媒体と市場を含む。

指示語　there- 前置詞　　　　　　　　　　

there と前置詞を結合した指示語である thereto, thereof などは，以前に出てきた語句を指します。直前に出てきた語句を指す場合もあれば，契約書中の語句を指すこともあります。これは文脈で判断します。

＊therein

下記の文例では，直前に出てきた語句を指しています。すなわち，intellectual property rights therein は，イコール intellectual property rights in the Software, Documentation and all other related materials「本件ソフトウェア，付随資料およびその他すべての関連資料に対する知的財産権」ということです。

exclusive：独占的な

Customer agrees that the Software, Documentation and all other related materials provided to Customer, and all intellectual property rights **therein**, are the exclusive property of Licensor or its suppliers.

訳例 本件顧客は，本件顧客に提供される本件ソフトウェア，付随資料およびその他すべての関連資料，ならびにそれらに対するすべての知的財産権は，ライセンサーまたはそのサプライヤーの<u>独占的な財産</u>であることに合意する。

＊the same rule shall apply thereafter「以後も同じ規定が適用される」

be deemed： みなされる automatically renewed： 自動的に更新された	Unless one party notifies to the other party of its intention not to renew this Agreement three (3) months before the expiration date in writing, this Agreement shall <u>be deemed</u> <u>automatically renewed</u> for another year, and **the same rule shall apply thereafter**.

訳例 当事者の一方が本契約を更新しない意図を満了日の３か月前に書面で相手方に通知する場合を除き，本契約は，さらに１年間<u>自動的に更新</u><u>された</u>ものと<u>みなされ</u>，以後も同じ規定が適用される。

notwithstanding ▶「にもかかわらず」 ★★★

前述した事柄との矛盾を示し，それが優先することを表します。また，without prejudice to〜「〜の権利を害することなく」と同じ意味で使われる場合もあります。

＊notwithstanding the above stated obligations「上述の義務にもかかわらず」
＊notwithstanding the foregoing「上述にかかわらず」

expressly：明示的に due to〜：〜に対して支払われるべき pursuant to〜： 〜に従って withholding tax： 源泉徴収税	**Notwithstanding the foregoing**, ABC <u>expressly</u> authorizes Distributor to, and Distributor shall, deduct and withhold from all royalty payments <u>due to</u> ABC <u>pursuant to</u> this Agreement, any <u>withholding taxes</u> required to be withheld at the source under applicable law.

訳例 前記にかかわらず，ABC は，本契約に従って販売店から ABC に対して支払われるべきすべてのロイヤリティ代金から，適用法に基づき源泉徴収する必要のある源泉徴収税を販売店が控除し源泉徴収することを明示的に承認し，販売店は，当該控除を行うものとする。

specified ▶「記載された」「規定された」 ★★★

英文契約書で使われる指示語の役割を果たす用語です。specify の同義語には，provide / set forth / stipulate / state / define などがあります。これらの用語はそれぞれ，契約書上に「規定する」，「記載する」という意味を持ちます（→177頁参照）。

＊as specified above「上記のとおり」
＊be specified in〜「〜に明記された」

terms and
conditions：
取引条件

Customer shall pay to Provider the fees as **specified in** the Basic Terms, in accordance with the terms and conditions of this Agreement.

訳例 顧客は，本契約の取引条件の規定に従い，基本条件に明記された対価をプロバイダーに支払うものとする。

in consideration of 〜 ▶「〜を対価として」「〜を約因として」 ★★★

consideration とは，契約上の対価もしくは約因を意味します。契約が成立するためには，原則，申込み（offer），承諾（acceptance），そして約因（consideration）が必要です。

licensee：被許諾者，
使用許諾を受ける者
licensor：
使用許諾者
set forth：定める

In consideration of the license of the Patent for the manufacture of the Licensed Products granted under this Agreement, Licensee shall pay to Licensor the minimum royalty for each contract year as set forth below.

due to〜 ▶「〜を原因として」「〜のために」「〜により」

原因を表す表現です（46頁の不可抗力条項など）。

collectively ▶「まとめて」

複数の事項をまとめて定義するときに用いる表現です。定義の条項，あるいは契約文中で括弧を用いて定義する場合に使用されます。

文例は，「責任・保証に関する表現」の章で提示している一般条項「反社会的勢力と関係を有していない旨の保証」を見てください。

＊collectively called「総称して」

＊collectively referred to as〜「以下，総称して〜」

with regard to 〜 ▶「〜に関して，〜に関連して」

類似する表現としては，be associated with 〜，in relation to〜，in terms of 〜，in connection with 〜，pertaining to〜があります。

＊（solely）in conjunction with 〜「〜（のみ）に関連して」

"Designated System" shall mean the computer hardware and operating system designated on the relevant form for use **solely in conjunction with** a Development License.

訳例 「指定されたシステム」とは，「開発ライセンス」のみに関連して使用する，関連書式において指定されるコンピュータ・ハードウェアおよびオペレーティング・システムをいう。

in favor of 〜 ▶「〜を受益者として」「有利となる」

Attorney does not have any power to guarantee any certain outcome **in favor of** Client.

訳例 弁護士は，クライアントの有利となるような特定の結果を保証するいかなる権限をも有するものではない。

on behalf of ～ / on one's behalf
▶「～の代わりに」「～を代理して」「～のために」　

Customer shall have no obligation to preserve the proprietary nature of only that portion of LICENSOR's information that is developed by or **on behalf of** Customer independent of any information furnished under this Agreement.

訳例 本件顧客は，本契約に基づいて提供された情報とは独立して，本件顧客により，または本件顧客のために開発されたライセンサーの情報の当該部分に限り，財産権的性質を保護する義務を負わないものとする。

to the contrary ▶「反対の，矛盾する」　
＊intention to the contrary「反対の意図」
＊anything to the contrary in this agreement「何か矛盾する規定」

notwithstanding：
にもかかわらず
: Notwithstanding **anything to the contrary in this Agreement**, this indemnity clause shall apply.

訳例 本契約中のいかなる矛盾する規定にもかかわらず，本免責条項は適用されるものとする。

in possession ▶「保有する，所持する」　
＊in one's possession「～が保有する，所持する」
＊in one's possession or subject to one's control「～が保有もしくは管理する」

at termination or expiration of this Agreement：本契約の終了もしくは満了時に	Licensee agrees to return to Licensor any copy of software which may be **in Licensee's possession** at termination or expiration of this Agreement.

訳例 ライセンシーは，本契約の終了もしくは満了時にライセンシーが所持しているあらゆるコピーを，ライセンサーに返却することに同意する。

the foregoing provisions ▶「前項の規定」　　　★★

sole and exclusive remedy hereunder：唯一かつ排他的な救済 in connection with 〜：〜に関し alleged：申し立てられた	**The foregoing provisions** of this paragraph will constitute Customer's sole and exclusive remedy hereunder in connection with ABC's actual or alleged infringement of any patent, copyright or trade secret.

訳例 前項の規定は，ABC による特許，著作権またはトレードシークレットに対する事実上の侵害または侵害の申立て に関し，本契約に基づく本件顧客の唯一かつ排他的な救済をなすものである。

in whatever medium / in 〜 or other medium ▶「いかなる媒体形式かを問わず」　　★

The Documentation shall include all other materials **in whatever medium** which are related to the design and creation of the Technology.

訳例 文書とは，いかなる媒体形式かを問わず，テクノロジーのデザインおよび創造に関係するその他すべての資料を含む。

では，一般条項の条文の中で，これまでに挙げた表現がどのように使われているか見てみましょう。

不可抗力の条項は，契約締結後に当事者の責に帰せられない事由が発生し，そ

のために契約の履行が不可能である場合に，当該当事者を免責する条項です。日本法では，債務不履行状態の場合も，それが当事者の責に帰せられない事由により発生した場合には，抗弁としてかかる事由を主張することができます。しかし，英米法においては，そのような概念がないことから，支配管理可能性を超えた事象を考え得るだけ列挙し，不可抗力として免責させる条項を規定する必要があります。

　たとえば，売買契約においては，売主には契約の対象とする物を調達する義務がありますが，不可抗力として規定している事情がある場合には，売主はかかる調達義務から解放されることになります。

【一般条項の中の基本表現】due to〜　〜を原因として
(Force Majeure)不可抗力

be liable to / for〜：
〜に対して責任を負う
in the event that〜：
〜の場合には
be rendered impossible：
不可能となる
force majeure：
不可抗力
including but not limited to〜：
〜を含むがこれに限定されない
beyond the control of〜：
〜の支配管理を超えた

Neither Party shall be liable for failure to perform any obligation under this Agreement in the event that performance is rendered impossible **due to** force majeure, including but not limited to, acts of God, war, threat of war, warlike conditions, hostilities, mobilization for war, blockade, embargo, detention, revolution, riot, port congestion, looting, strike, lockout, plague or other epidemic, destruction or damage of goods or premises, fire, typhoon, earthquake, flood or accident, or **due to** acts of governmental or quasi-governmental authorities or any political subdivision or department or agency thereof, or **due to** any labor, material, transportation or utility shortage or curtailment, or **due to** any labor trouble at the place of business of either Party or their suppliers, or **due to** any other cause beyond the control of either Party.

訳 いずれの当事者も，天変地異，戦争，戦争のおそれ，戦争状態，敵対行為，戦時体制，封鎖，通商停止，拘留，革命，暴動，港湾の混乱，略奪行為，ストライキ，ロックアウト，伝染病もしくはその他の疫病，物資もしくは施設の破壊もしくは損傷，火災，台風，地震，洪水もしくは事故，または政府当局もしくは準政府機関またはいずれの政治的部門・

部署・機関の行為による場合，または労働，資材，輸送手段もしくは電機・ガス・水道の不足もしくは遮断，または各当事者もしくはその供給業者の事業所での労働争議，または各当事者の支配管理を超えた他のいかなる事項などの不可抗力（前記列挙を含むがこれに限定されない）により義務の履行が不可能となった場合には，本契約に基づく義務の不履行について相手方当事者に対して責任を負わない。

　次は，前記の不可抗力の文例のバリエーションとして，不可抗力の場合の，契約継続の努力義務および解除権を規定した条項を見てみましょう。

　不可抗力の状態が続いていても解除権が当然に発生するわけではないので，このような状況が継続的に続いた場合には契約を解除できるように規定しておくことが必要です。たとえば，相手方がある地域内で独占的な権利を認められたライセンシーであったが，不可抗力により，もはやその地域ではサービスを提供できなくなった場合を考えます。この場合，ライセンサーとしては元の独占的ライセンシーとの契約を解除して，その地域のために新たな他のライセンシーを探したいところです。そのような時のために，あらかじめ解除条項を入れておくことは有効です。

【一般条項の中の基本表現】

（Force Majeure）不可抗力　契約継続の努力義務と不可抗力事象の継続の場合の解除権を規定したもの

parties so affected： 影響を受けている当事者 all reasonable efforts： あらゆる合理的な努力	The parties so affected shall make all reasonable efforts to reduce the effect of any failure or delay caused by any event of Force Majeure. If an event of Force Majeure continued for a period of thirty (30) days or longer, the other Party will have the right to terminate this Agreement upon written notice to such Party.

訳　（不可抗力の）影響を受けている当事者は，不可抗力により引き起こされている債務不履行または履行遅滞の影響を減じさせるあらゆる合理的な努力をしなければならない。不可抗力の期間が30日以上続いた場合には，他方当事者は相手方への書面による通知をもって，当該契約を解除することができる。

契約締結に関する表現

execute / make / conclude / enter into ◆ be integrated into ◆ have one's principal office at〜

execute / make / conclude / enter into ▶「締結する」 ★★★

　いずれも，契約や法律文書を「締結する」という意味で，これらの文書の冒頭および最後で使われることが多い表現です。

＊execute in duplicate「締結・複製された」

＊executed by their duly authorized officers / representatives「正当な権限を有する役員／代表者により締結される」

IN WITNESS WHEREOF：上記の証として	IN WITNESS WHEREOF, the Parties hereto have caused this Agreement to be **executed in duplicate by their duly authorized representatives**.

訳例 上記の証として，本契約当事者は，両当事者の正当な権限を有する代表者により本契約2通を締結せしめた。

＊executed by〜「〜に締結される」「〜に署名される」

＊execute and deliver「締結し発行する」

＊executed in local language「現地語で締結される」

be integrated into ▶「（最終契約に）統合される」 ★★★

　複数の契約（書面のみならず口頭による契約も含む）を，一本の契約に統合し，最終の完全合意とした旨を示す場合に，このような表現を使います。

All the Attachments hereto shall **be integrated into** the Agreement as an integral part of this Agreement.

> 訳例 すべての本契約の添付書類は，本契約の重要な一部分として本契約へ統合される。

have one's principal office at～
▶「～を主たる事業所所在地とする」 ★★★

契約の締結そのものに関する表現ではありませんが，締結時に契約書の冒頭で，各当事者の所在地を表すものとして当事者を特定するために使われる表現です。

made and entered into：締結される hereinafter referred to as～： 以下～という WITNESSETH： 以下を証する	THIS AGREEMENT, made and entered into as of this 1st day of July, 2022, by and between ABC, **having its principal office at** 100 Fifth Avenue, New York, NY, USA（hereinafter referred to as "ABC"）and XYZ, **having its principal office at** 1-2-3 Yama-cho, chuo-ku, Tokyo, Japan（hereinafter referred to as "XYZ"）, WITNESSETH：

> 訳例 本契約は米国ニューヨーク州ニューヨーク市5番街100丁目を主たる事業所所在地とするABC（以下「ABC」という）と日本国東京都中央区山町1‐2‐3を主たる事業所所在地とするXYZ（以下「XYZ」という）との間で2022年7月1日に締結され，以下を証する。

では，契約の修正・変更に関する一般条項の中で，契約締結に関する表現を見てみましょう。

修正・変更条項は，完全合意条項と共に規定されることが多いです。署名権限は基本的には代表者にありますが，交渉相手の国によっては部長や支店長等がサインをすることもあるので，明確に規定しておくことが望ましいでしょう。

【一般条項の中の基本表現】
duly authorized representative 正当に権限が与えられた代表者

（Amendment and Alteration）修正・変更

| unless otherwise expressly provided in～：
～に明確に規定されていない限り | Unless otherwise expressly provided in this Agreement, no amendment or variation of this Agreement shall be effective unless in writing and signed by a **duly authorized representative** of each of the parties hereto. |

訳 本契約に明確に規定されていない限り，両当事者の正当に権限が与えられた代表者の署名のある書面によらずしては，本契約の修正ないし変更は効力を持たない。

③ 条件・範囲に関する表現

condition ◆ subject to 〜◆to the extent that 〜 / so long as 〜◆unless otherwise ◆ except as 〜 / except to the extent 〜◆ without prejudice to 〜 / for discussion purpose only ◆ provided（that）〜 / provided, however, that 〜 ◆ in the event（that）〜◆ on most favorable terms obtainable ◆ unconditional / unconditionally ◆ contingent on（upon）〜 ◆ to the best of one's knowledge ◆ precedent / conditions precedent ◆ additional or different terms ◆ prior written notice / prior written consent

　契約で規定される権利や義務に条件を付ける表現を理解することは非常に重要です。特に契約交渉では，お互いに納得のいく内容にするために条件が調整弁の役割を果たします。義務を約束する場合には，必ず条件を付ける癖を付けておきましょう。「転んでもただでは起きない」の精神です。

condition ▶「条件」　　　　　　　　　　　　　　★★★

＊ on（the）condition that 〜（「条件」を表す場合）

with regard to 〜： 〜に関して separately agreed upon： 別途合意する	Each Party shall have the right to exploit, directly or through its affiliates, or to grant a license to the third party with regard to jointly owned intellectual property **on the condition that** such Party pays reasonable royalty to be separately agreed upon by Parties.

訳例 当事者間で別途合意する合理的なロイヤリティの支払を条件として，各当事者は，直接またはその関連会社を通じて，共有知的財産権を（に関し）自由に活用し，第三者に対して実施許諾をする権利を有する。

＊ on condition that 〜（「停止条件」を表す場合）

| prior to ～ :
～までに（～より前
に） | The closing of this deal shall take place on September 1, 2014 **on condition that** the government authority has approved this deal <u>prior to</u> August 1, 2022. |

訳例 本取引のクロージングは，2014年9月1日に行われるものとする。ただし，政府当局が2022年8月1日までに本取引を承認することを条件とする。

＊if～，shall be terminated（「解除条件」を表す場合）

| immediately :
直ちに | **If** any modifications are made to the Software by Licensee during the warranty period for any reason, this warranty **shall** <u>immediately</u> **be terminated**. |

訳例 ライセンシーが保証期間内に何らかの理由で本ソフトウェアの改変を行った場合には，本保証条項は<u>直ちに</u>解除されるものとする。

＊terms and conditions「条件」（conditions が terms と一緒に契約条件の意味で使われている例）

| from time to time :
随時 | Subject to the **terms and conditions** herein contained, Seller shall manufacture for Buyer, and sell and deliver to Buyer, such quantity of Products, as Buyer may <u>from time to time</u> order. |

訳例 本契約に定める条件に従い，売主は，買主が随時注文する数量の本製品を買主のために製造し，買主に販売および引き渡す。

subject to ～ ▶「～を条件として」「～に従って」 ★★★

＊subject to「～を条件とする」「～を前提とする」の意味の場合

obligation：義務

The <u>obligations</u> of the Buyer to pay the Purchase Price and take other actions which are to occur at the Closing are **subject to** the satisfaction of the following conditions as of the Closing：

訳例 購入代金の支払その他のクロージング時に必要とされる措置を講ずる買主の義務（の履行）は，クロージング時に以下の条件が充足されていることを条件とする。

＊subject to the condition(s) that 〜「〜を条件として」

duly listed：
上場される

Payment of the shares is **subject to the condition that** the shares will be <u>duly listed</u>, upon official notice of issuance.

訳例 株式の支払は，当該株式が，株式発行の正式な通知の上，適切に<u>上場される</u>ことを条件とする。

＊subject to the approval by (of) 〜「〜による承認を条件として」

Payment terms are net 30 days from the date of invoice, **subject to the approval of** Seller's credit department.

訳例 支払条件は請求書の日付より30日以内とし，売主の審査部による承認を条件とする。

＊ (become) subject to 〜「〜に従う・従い」の意味の場合

Subject to decisions of the General Meetings of Shareholders, the business of ABC shall be managed by the Board of Directors of ABC.

訳例 株主総会の決定に従い，ABC の事業は ABC の取締役会により経営される。

to the extent that〜 / so long as〜 ▶ 条件・範囲

* to the extent that〜 / so long as〜「〜の限りにおいて」「〜の範囲では」

indemnify： 免責する hold harmless from ：〜に〜による損害 を与えない infringe：侵害する be deemed 〜： 〜とみなす reasonable grounds： 合理的な根拠 including but not limited：含むがこ れに限られない reasonable attorneys' fees： 合理的な弁護士費用 provided that〜： ただし〜とする promptly： 直ちに	Developer shall <u>indemnify</u>, defend and <u>hold harmless</u> Company, its agents and assigns <u>from</u> any action brought by a third party against Company **to the extent that** an allegation that the Product has <u>infringed</u> any intellectual property right or trade secret, <u>is deemed</u> to have <u>reasonable grounds</u> by Developer, and Company has paid those damages and costs related to the settlement of such action, <u>including but not limited to</u> <u>reasonable attorneys'</u> <u>fees,</u> and <u>provided that</u> Company shall <u>promptly</u> notify Developer of any such action.

訳例 受託開発者は，本製品が知的財産権または営業秘密を侵害している との主張が合理的な根拠に基づくと受託者がみなす場合に限り，第三者 により委託者に対して提起された訴訟について，委託者ならびにその代 理人および譲受人を免責し，防御し，損害を与えないものとし，かつ，合 理的な弁護士費用を含む（がこれに限られない）かかる訴訟の解決のた めに要する損害賠償額および費用を負担するものとする。ただし，委託 者は，受託者に対してかかる訴訟について直ちに通知するものとする。

* to the fullest extent possible「最大限可能な限り」

with respect to 〜： 〜に関する pursuant to〜： 〜に従って	Agency shall insure, **to the fullest extent possible** under law, that Advertiser shall own any and all rights, title and interest in and to, including copyrights, trade secret, patent and other intellectual property rights, <u>with</u>

respect to any copy, photograph, advertisement, music, lyrics, or other work created by Agency or at Agency's direction for Advertiser pursuant to this Agreement.

訳例 代理店は，本契約に従って広告主のために代理店やその指示によって制作される，あらゆるコピー，写真，広告，音楽，詞，その他の作品に関する，著作権，営業秘密，特許その他の知的財産権を含むあらゆる権利，権限および利益を広告主が保有することを法律で最大限可能な限り確実にしなければならない。

fullest あるいは fully（全面的に，完全に）を，reasonably（合理的に）や to the extent reasonably possible（合理的可能な範囲で）に置き換えることで，範囲を狭めることができます。類似の表現には次のようなものが挙げられます。

＊to the extent reasonably possible「合理的可能な範囲で」
＊to the extent practically possible「実務上可能な範囲で」
＊to the extent practicable「現実的に可能な範囲で」
＊to the extent necessary for our legal and compliance purposes 「法務および法令遵守の目的のため必要な範囲で」
＊to the extent necessary to implement the provisions of this Agreement 「本契約の条項を遂行するために必要な限度において」

provided that～： ただし～とする

To the extent necessary to implement the provisions of this Agreement, each Party may disclose the Confidential Information to those of its employees as may be reasonably necessary provided that before any such disclosure, each Party shall make those employees aware of its obligations of confidentiality under this Agreement and shall at all times procure written agreement by those employees with them.

訳例 本契約の条項を遂行するために必要な限度において，各当事者は秘密情報をその従業員に対して必要な場合には開示することができる。た

だし，かかる開示に先立ち，本契約の秘密に関する義務をかかる従業員
に対して確知させ，常にかかる従業員に対して本契約の秘密に関する義
務を書面で同意させるようにしなければならない。

unless otherwise ▶「～でない限り」　★★★

＊unless otherwise agreed in writing「別途書面同意がない限り」

in accordance with
～：～に従って
separately agreed：
別途合意した

Unless otherwise agreed in writing, Seller shall make
effect delivery by shipment of the Products at Yokohama
port in accordance with the applicable delivery schedule
separately agreed between Seller and Buyer at each
individual contract.

訳例 別途書面にて合意する場合を除き，売主は，各個別契約で買主との
間で別途合意した納入予定に従い，本製品を横浜港で船積みにより引き
渡すものとする。

＊unless otherwise specifically agreed「別段の合意がない限り」

make and enter
into：締結する
contract：契約
on behalf of ～：
～を代理して
in the name of
Principal：
本人の名義で
legally bind：
法的に拘束する

Unless otherwise specifically agreed, Agent has no
power to make and enter into any contract on behalf of,
or in the name of Principal, and to do anything to legally
bind Principal towards third parties.

訳例 別段の合意がない限り，代理店は本人を代理してまたは本人の名義
でいかなる契約を締結する権限も，本人を第三者に対して法的に拘束す
る権限も有しない。

基本契約書（Master Agreement）によく出てくる表現です。個別契約書（Individual Contract）で別途合意する例外を表します。「別段の合意」は，個別契約書（Individual Contract）で行います。

＊unless otherwise separately agreed between the parties hereto in writing
　「両当事者間の書面による別段の合意がある場合を除き」
＊unless otherwise prescribed by law「法で規定されない限り」
＊unless otherwise specified「別途規定されない限り」
＊unless specifically stated otherwise「特段の定めがない限り」
＊unless context otherwise requires「文脈から他の解釈が要求されない限り」

except as〜 / except to the extent〜 ▶「〜を除いて」

　除外する部分を明示する表現です。
＊except as stated in〜「〜に規定されるものを除き」
＊except to the extent〜「〜の場合を除き」

| indemnify and hold harmless〜 from and against： 〜を防御し，補償し，免責する suffered or incurred：（費用が）生じた third party：第三者 subject to 〜：〜に従う | Producer shall defend, <u>indemnify and hold harmless</u> Author <u>from and against</u> any and all expenses <u>and damages incurred</u> by Author, arising out of or by reason of or resulting from any <u>third party</u> claim arising out of the production, distribution or exploitation of a Production produced by Producer based upon the Property, **except to the extent** such expenses are <u>subject to</u> Author's indemnification obligations hereunder. |

訳例 製作者は，本件財産権に基づいて製作者により製作された映画作品の製作，配給または利用から生じる第三者の請求から生じ，それを理由としまたはそれに起因して著作者に生じた費用および損害につき，原作者を防御し，補償し，免責しなければならない。ただし，かかる費用が原作者による本条項に基づく補償義務に従っている場合を除く。

＊except as otherwise separately agreed in writing
　「別途書面により別段の合意をした場合を除き」

the parties： 両当事者	**Except as otherwise separately agreed in writing** between <u>the parties</u>, Developer will have the right to independently license or exploit the Software or any portion thereof.

訳例 両当事者間で別途書面により別段の合意をした場合を除き，開発受託者は，本ソフトウェアおよびその部分を独立してライセンスし，利用する権利を有するものとする。

＊except as otherwise specifically provided in this Agreement
「本契約で特に他に規定のない限り」

Except as otherwise specifically provided in this Agreement, all notices and other communications required or permitted to be given under this Agreement shall be in writing.

訳例 本契約で特に他に規定のない限り，本契約のもと要求され，もしくは許される通知およびその他の連絡はすべて書面によるものとする。

＊except as expressly specified in this agreement
「本契約に明示的に規定される場合を除き」

責任の制限を明示的に示す場合に使われる表現です。英文は大文字で表記され，その重要性を顕著に示します。

to the extent～： ～の範囲で applicable law： 準拠法 in connection with ～：～に関して	TO THE EXTENT ALLOWED BY <u>APPLICABLE LAW</u>, **EXCEPT AS EXPRESSLY SPECIFIED IN THIS AGREEMENT**, NEITHER LICENSOR NOR ITS PARTNERS WILL BE LIABLE FOR ANY LOSS OR DAMAGE THAT MAY ARISE <u>IN CONNECTION WITH</u> CUSTOMER'S USE OF THE SOFTWARE.

訳例 準拠法により認められる範囲で，本契約に明示的に規定される場合を除き，ライセンサーまたはそのパートナーはいずれも，本件顧客によ

る本件ソフトウェアの使用に関して発生するいかなる損失または損害に対して責任を負わないものとする。

*except as otherwise provided herein 「本契約で他に規定のない限り」

payable：満期の

Except as otherwise provided herein, invoices for payment of license fees shall be payable after 30 days from the Commencement Date.

訳例 本契約で別段の定めがある場合を除き，ライセンス料の支払請求書は，開始日から30日で支払期限が到来するものとする。

*with the exception of～ 「～を除いて」「～を例外として」「～以外に」

payable：満期となる on the first business day of the calendar month： 毎月第1営業日に

With the exception of warranty expenses, compensation from the Company X shall be payable on the first business day of the calendar month.

訳例 保証費用を例外として，X社からの補償は，毎月第1営業日に支払われるものとする。

---

without prejudice to ～ / for discussion purpose only
▶「～に影響を与えることなしに」

　いずれも「～に影響を与えることなしに」という意味を表します。また，without prejudice to ～ には，「～（の権利）を害することなく」という意味もあります。たとえば，相手方に和解の提案をする場合，その提案はあくまで仮のものであって，申込みとしての法的拘束力はないことを条件として示す場合に用います。

＊without prejudice to

「〜（の権利）を害することなく」「〜に影響を与えることなしに」

　下記の文例は，契約の履行完了前に，条項で定める特定の事由が発生し，契約に基づいた履行が全うできない可能性がある場合に，履行の停止をすることができる旨をあらかじめ確認する規定です。国際売買取引の場合は，同時履行によるのではなく，先履行義務を負うことがあるために，このような規定がウィーン売買条約（CISG）に用意されています。下記は同趣旨の規定を条文化したものの一部です。

suspend performance： 履行を停止する	To claim for compensation of damages hereunder is **without prejudice to** the right of Seller to <u>suspend</u> future <u>performance</u> under the Contract.

訳例 本契約の下で損害賠償を請求することは，個別契約に基づき将来の<u>履行を停止する</u>という売主の権利を損なうものではない。

＊for discussion purpose only「議論・検討の目的に限定される」

settlement：和解	This <u>settlement</u> proposal is offered to your company **for discussion purpose only**.

訳例 本<u>和解</u>案は，討議のみを目的として貴社に提示される。

provided（that）〜 / provided, however, that〜
▶「ただし，〜とする」　　　　　　　　　　　　　★★★

「条件」を表します。

indemnify, defend and hold harmless X from and against 〜：Xを〜から免 責，防御し，損害を 与えない	ABC will <u>indemnify, defend and hold harmless</u> Customer <u>from and against</u> any and all loss, damage, liability, expense, including reasonable defense costs and reasonable legal fees, and claims for damages, arising

alleged： 申し立てられた infringement： （権利の）侵害	from any actual or <u>alleged infringement</u> of any patent, copyright or trade secret arising out of the Products supplied to Customer by ABC hereunder; **provided, that** Customer will provide ABC with prompt notice of any such claim.

訳例 ABC は，本契約に基づき ABC が本件顧客に提供した本件製品が特許，著作権，またはトレードシークレットを実際に<u>侵害</u>した，あるいは<u>侵害</u>しているとの<u>申立て</u>に起因する，一切の損失，損害，責任，費用（合理的な防御費用および法的費用を含む），および損害賠償請求につき，本件顧客を<u>免責</u>，防御し，損害を与えないものとする。ただし，本件顧客は ABC に対して，当該請求につき，速やかに通知を与えるものとする。

では，この条件に関する表現が，一般条項の中でどのように使われているか，見てみましょう。

【一般条項の中の基本表現】 provided, however, that~　ただし～とする

(Term) 契約期間

commence： 開始する remain in effect： （引き続き）契約が有効である due and payable： 支払期日が到来している	The term of this Agreement shall be for the period of time <u>commencing</u> on the effective date hereof and continuing so long as any of the individual transactions <u>remain in effect</u>; **provided, however, that** the Company X may terminate this Agreement without notice and cease rendering the Services hereunder upon any non-payment by the Customer of the fees and expenses provided for herein when such fees and expenses are <u>due and payable</u>.

訳

　本契約の期間は，本契約の発効日に<u>開始し</u>，いかなる個別取引でも<u>有効</u>なものがある限り，続くものとする。ただし，顧客が，本契約で定められた料金および費用を<u>期限が到来した</u>が支払わない場合には，X 社は，本契約を通知なくして解除すること，および本契約のサービスの提供を中止す

ることができるものとする。

　サービス全体を基本契約によって締結し，さらに個々の取引は個別契約によって締結するという場合，基本契約の期間がいつからいつまでなのかを明確にしておく必要があります。本文例では，期限到来後の未払がある場合は，基本契約を解除できること，さらにはサービスの提供も中止し得ることを定めています。

【一般条項の中の基本表現】　unless otherwise specified 別途規定されない限り　subject to〜　〜に従う，服する

(Dispute Resolution)紛争解決

dispute resolution：
紛争解決

Unless otherwise specified in writing, the Parties will continue to honor all commitments under this Agreement during the course of dispute resolution with respect to all matters not **subject to** such dispute, controversy or claim.

訳　書面にて別途規定されない限り，紛争解決の最中であっても，両当事者は，当該紛争，論争もしくは主張には服さないすべての事柄に関し，本契約におけるすべてのコミットメント（約束）を尊重するものとする。

　紛争解決の方法（たとえば仲裁など）について規定した後に入れる，確認の文章です。紛争と関係のないその他の事柄については，たとえ紛争が継続中でも，契約が有効である限り，法的拘束力を持つことを確認しています。

（Definitions）定義

Unless specifically stated otherwise, capitalized terms used in this Amendment shall have the same meaning as in the Agreement dated December, 2022.

訳 別途規定されない限り，本修正契約における大文字の用語は，2022年12月付の契約におけるものと同一の意味を持つものとする。

解　説

　修正契約，個別契約，別紙の中で，断りなく大文字の用語を使用すると，その用語の正確な定義が曖昧になります。基本契約で定義されているのが通常ですので，その定義とのひも付けを表記しておくとよいです。なお，冒頭は，Unless otherwise defined herein という表現にしてもよいでしょう。

in the event（that）〜 ▶「〜の場合には」

使い方は，下記の一般条項「訴訟費用」の文例を見てください。

（Litigation Costs）訴訟費用

litigation：
訴訟
with regard to 〜：
〜に関して
prevailing party：
勝訴当事者
be entitled to 〜：〜
する権利を有する

In the event that a <u>litigation</u> between the parties <u>with</u> <u>regard to</u> this Agreement is brought before court, the <u>prevailing party</u> <u>is entitled to</u> recover costs of the litigation and its attorneys' fees and costs from the non-prevailing party.

訳 本契約に関し，両当事者間で裁判所に<u>訴訟</u>が提起された**場合**には，<u>勝訴当事者</u>は，敗訴当事者より訴訟費用および弁護士費用を<u>請求する権利を有する</u>。

解　説

この規定は，本契約に関して訴訟が提起された場合，弁護士費用を含む訴訟費用については，敗訴者が支払う旨の規定です。弁護士費用が非常に高い国もあるので，一定の限度を示すべく "reasonable attorneys' fees" と規定する場合もあります。

on most favorable terms obtainable
▶「獲得し得る最も有利な条件で」

at its own
responsibility：
自らの責任において

The Parties shall cause ABC to make its best efforts to procure borrowings <u>at its own responsibility</u> and **on most favorable terms obtainable** and so far as allowed under the law to render its assets as mortgage or pledge against such borrowing.

訳例 両当事者は ABC に対し，**獲得し得る最も有利な条件で**，かつ，借入金に対して自らの資産を担保として差し入れることが法にて認められ

る限り，自らの責任において借入金を調達するための最善の努力をせしめる。

＊the most favored customers「最恵顧客」

The Seller shall offer, to the Buyer, the terms which have been offered to **the most favored customers**.

訳例 売主は最恵顧客へ提示した条件を買主へ提示しなければならない。

下記の一般条項「最恵待遇規定」の文例も参考にしてください。

【一般条項の文例】

(Most favored customer [licensee] clause) 最恵待遇規定

represent and warrant： 表明し，保証する enter into： 締結する be deemed to be： みなされる modified：変更する	Seller represents and warrants that all of the benefits and terms granted by seller herein are at least as favorable as the benefits and terms granted by seller to any previous buyer of the hardware described in this Agreement. Should seller enter into any subsequent agreement with any other buyer, which provides for benefits or terms more favorable than those contained in this Agreement, then this Agreement shall be deemed to be modified to provide buyer with those more favorable benefits and terms.

訳 売主は，ここで売主が付与したすべての便益および条件が，本契約書に記載されるハードウェアの以前の買主に売主が付与した利益および条件と少なくとも同程度であることを表明します。売主が，本契約に含まれるものよりも有利な条項を提供する他の買主との間でその後の契約を締結した場合，買主にそれらのより有利な便益と条件を提供するように変更されるものとする。

解　説

最恵待遇規定は，現在の条件が買主やライセンシーへ提供している最も

有利な条件であり，もし，売主やライセンサーが他の買主やライセンシーとより有利な条件で契約を締結した場合には，当該有利な条件が自動的に適用されるとみなされる，という買主やライセンシーに有利となる一方的な規定です。

unconditional / unconditionally ▶「無条件の」／「無条件で」 ★★

in accordance with
〜：〜に従って
dishonored：
不渡りとなる
immediate：即時の

If a letter of credit is not opened in accordance with the term of the Contract or dishonored, Buyer shall, upon notice thereof from Seller, make immediate payment in cash to Seller directly and **unconditionally**.

訳例 もし信用状が個別契約書の条項に従って開設されず，もしくは不渡りとなった場合には，買主は売主からの通知と同時に，売主に対して直接および**無条件**で直ちに現金で支払をするものとする。

〈解説〉 信用状は，銀行が買主に代わって売主へ支払を行うことを約束する書面です。

contingent on（upon）〜 ▶「〜を条件とする」 ★★

This employment offer is **contingent on** the occurrence of the closing of Company X's acquisition of Company Y.

訳例 かかる雇用の申し出は，X 社による Y 社の買収が終結することを条件とする。

to the best of one's knowledge ▶「〜の知る限り」 ★★

set forth：
定められた

Except for action set forth in the previous provision, here is no action, suit, claim, proceeding or investigation pending or, **to the best of the Company X's knowledge**, threatened against or affecting the Company X or its directors.

訳例 前条で定められた請求を除き，継続中の，または，X社の知る限り，X社あるいはその取締役を脅かすような，もしくは影響を与えるような，いかなる訴訟，請求，手続，もしくは調査もない。

precedent / conditions precedent ▶「前提条件」／「停止条件」 ★

This Agreement shall become effective upon the approval of the Japanese Government（**"Conditions Precedent"**）.

訳例 本契約は，日本国政府の承認に基づき効力を発する（「停止条件」）。

additional or different terms ▶「追加・変更条件」 ★★

This offer shall lose its legal effects if any **additional or different terms** is added to the original terms of the offer.

訳例 本申込みは，付加・変更条件が異なる条件が付加された場合には，その法的効力を失う。

prior written notice / prior written consent
▶「事前の書面による通知」「事前の書面による同意（承諾）」 ★★★

　これらの表現については，「責任・保証に関する表現」の章の「express warranty 明示的保証と implied warranty 黙示の保証」の項目で少し触れていますが，本章では，時限を示す prior に着目して分類しています。

　また，without を付けた without prior written consent などの表現については，

「限定を表す表現」の章で，別途説明しています。

settlement：和解 ： Company X will not agree on <u>settlement</u> with a third
： party without **prior written notice** to Developer.

訳例 X社は，受託者の**事前の書面による通知**なくして第三者と<u>和解</u>につ
いて合意しないものとする。

④ 努力義務に関する表現

best efforts / endeavors ◆ reasonable efforts / endeavors ◆ contractual rights and obligations ◆ have no obligation to〜 ◆imposed on〜 ◆ mandatorily

本章ではまず，best efforts / best endeavors と，reasonable efforts や commercially reasonable efforts とを区別します。前者は，「最善を尽くす」ことを意味します。他方，後者は，「合理的な努力」を意味します。どちらも，use, make, exert といった動詞を伴います。特に，commercially reasonable efforts は，「商取引上合理的な努力」という意味合いで，採算を度外視してまではやらなくてよい，という意味を持っています。

なお，義務に関連した内容として，responsibility, liability, duty, obligation の相違点については，責任・保証に関する表現の章で別途説明します。

best efforts / endeavors ▶「最善の努力」 ★★★

* do one's best effort(s)〜
* exert one's best effort(s) to〜
* make one's best effort(s) to〜
* make one's best effort(s) to〜
* use one's best effort(s) to〜
* use one's utmost effort(s) to〜

「〜するよう最善の努力をする」

---

meet the deadlines：
期日を守る
statement of work
(SOW)：仕様書

Developer shall **use its best efforts to** meet the deadlines identified in the Statement of Work and complete the Development.

訳例 開発受託者は，SOW（仕様書）に記載される期日を守り，本開発を完了するよう**最大限努力する**ものとする。

reasonable efforts / endeavors ▶「合理的な努力」

前述のとおり，best efforts との違いを意識してください。

＊make one's reasonable efforts to〜「〜する**合理的な努力をする**」

Developer will **make its reasonable efforts to** deliver the Software to Company on or before the delivery date as identified in Exhibit A.

訳例 受託者は，別紙 A に記載される納入日までに本ソフトウェアを委託者に納入すべく**合理的な努力をする**ものとする。

＊do one's reasonable effort (s) to〜
＊exert one's reasonable effort (s) to〜
＊make one's reasonable effort (s) to〜   「〜する合理的な努力をする」
＊use one's reasonable effort (s) to〜

＊make all reasonable effort (s) to〜「〜するためにあらゆる合理的な努力を尽くす」

contractual rights and obligations ▶「契約上の権利義務」

権利と義務をセットにした表現です。両者共に契約上の地位を譲渡する場面で使われます。以下の文例は，事業譲渡の契約書からです。

The transferred Assets shall consist of the **contractual rights and obligations** under the agreements listed in Exhibit.

訳例 譲渡される営業は，別紙に記載の**契約上の権利および義務**を含むものとする。

have no obligation to〜 ▶「〜する義務がない」

Company X shall **have no obligation to** pay for any expenses or costs of any kind or nature incurred by the Distributor.

訳例 X 社は，ディストリビューターが負ういかなる種類の費用や経費も，支払う**義務はない**ものとする。

imposed on〜 ▶「〜に課される」

　義務を課すことを表す動詞です。下記文例のように，税金を課すという意味にも使われます。

Distributor shall pay all taxes, duties, import and export fees, and any other charges or assessments established by any governmental agency within Territory, except taxes **imposed on** ABC based on its income.

訳例 販売店は，販売地域内の政府当局が定めたすべての税金，関税，輸出入料金および他の請求額もしくは査定額を支払うものとする。ただし，所得に基づいて ABC に課せられる税金を除く。

mandatorily ▶「強制的に」

　強制的であることは，それが義務であることを示します。

Distributor shall purchase the agreed minimum volume of the Products **mandatorily** from the seller during the term of this Agreement.

訳例 ディストリビューターは，本契約期間中，売主から合意された最低数量の本件製品を強制的に購入しなければならない。

5 履行に関する表現

perform ◆ suspension ◆ delay in～◆義務違反／債務不履行に関する表現◆
comply with～ / conform with～◆通知の手段・方法

契約上もしくは法律上の義務の履行に関する表現を見ていきます。

perform ▶「（契約上の義務を）履行する」 ★★★

be liable for～：
～について責任を負う
in the event that～：
～の場合には
be rendered
impossible：
不可能となる
force majeure：
不可抗力

Neither Party shall be liable for failure to **perform** under this Agreement in the event that performance is rendered impossible due to force majeure.

訳例 いずれの当事者も，不可抗力により義務の履行が不可能となった 場合には，相手方当事者に対して，本契約に基づく義務の不履行について責任を負わない。

suspension ▶「（権利としての）履行の停止，履行を停止する」 ★★

国際売買取引に関し，ウィーン売買条約（CISG）のもとでは，契約の履行前に，条項で定める特定事項（相手方の経済的信用力の著しい低下など）が発生し，そのため契約に基づいた履行がなされない可能性がある場合には，履行の停止をすることができます。これは，国際売買取引では，同時履行ではなく，先履行義務を負うことがあるため，不安を抱いている先履行義務者に依然として履行を求めるのは酷で不公平な場合があり得るためです。なお，この CISG の規定の適用を排除する場合には，CISG 第71条を排除する旨を特に条文で定めておく必要があります。他方，下記の文例では，CISG の規定の内容をあらた

めて契約条項で確認した形をとっています。

＊suspend the payment「支払の停止」

＊suspend the performance「履行の停止」

> Either party may **suspend the performance** of his obligations if it becomes apparent that the other party will not perform a substantial part of his obligations.
>
> 訳例 一方当事者は，相手方がその義務の実質的な部分を履行しないであ
> ろうという事情が個別契約の締結後明らかになった場合には，自己の義
> 務の履行を停止することができる。

delay in〜 ▶「〜の遅延・遅滞」　　　　　　　★★★

履行遅滞を表す表現です。

＊delay in delivery「引渡しの遅延」

time is of essence： 期限が絶対条件であ る compensate for〜： 〜の補償をする	Both Parties agree that time is of essence for delivery of the Products, and in case of **delay in delivery**, Seller shall compensate for the damages caused by such delay.

> 訳例 両当事者は，本製品の引渡しにおいては期限が絶対条件であること，
> かつ，引渡しの遅延が生じた場合，売主はかかる遅延によって生じた損
> 害について補償するものであることに合意する。

＊delay in performance「履行の遅延」

due to〜：〜による beyond its reasonable control： 合理的にコントロー ルできない	Seller shall not be liable for failure to perform or for **delay in performance** due to any cause beyond its reasonable control.

訳例 売主は，自らが合理的にコントロールできない事由による義務の不
履行または履行の遅延について，その責任を負わないものとする。

義務違反／債務不履行に関する表現　★★★

＊breach of covenant「誓約違反」
＊breach of obligation / breach one's obligation「債務不履行」「義務に違反する」
＊fundamental breach / material breach「重大な契約違反」

　ウィーン売買条約第25条には，契約解除権を行使するためには，重大な契約
違反があることが要件として規定されています。

＊violate the duty of the Agreement「(契約上の) 義務に違反する」
＊breach or threaten to breach「違反または違反のおそれ」

at one's sole discretion： 自己の単独の裁量で fourteen (14) days notice： 14日前の通知	If Customer **breaches or threatens to breach** any provision hereof, Licensor may then, at its sole discretion, upon fourteen (14) days notice to Customer, terminate this Agreement.

訳例 本件顧客が，本契約の条項に違反またはそのおそれがある場合，ラ
イセンサーは，自己の単独の裁量で，本件顧客に対する14日前の通知を
もって，本契約を解除することができる。

comply with〜 / conform with〜 ▶「〜を遵守する」　★★

　義務・債務の不履行，法律もしくは契約の違反とは正反対の表現ですが，
failure to を付けて不履行・違反を表すことも多いので，ここに挙げておきます。

＊failure to comply with the obligation「義務の不履行」

due to〜：〜による impediment：障害 beyond one's control：自己のコ	Neither party is liable for a **failure to comply with** any of its **obligations** if it proves that the failure was due to an impediment or event beyond his control which occurs

ントロールを超えた : after the conclusion of the Contract.

訳例 いずれの当事者も，自己の義務の不履行が，契約締結後に生じた自
己のコントロールを超えた 障害または事由によるものであることを証
明したときは，その不履行に対して責任を負わない。

＊in contravention of～ 「～に違反して」

null and void： : Any attempted assignment or transfer made **in**
無効である : **contravention of** this Article shall be null and void.

訳例 本条項に違反して試みられた譲渡または移転は無効である。

通知の手段・方法

＊telecopy, telefax, facsimile / registered mail / certified mail
「ファックス／書留郵便／配達証明郵便」

＊be delivered personally or sent by fax, registered mail or e-mail
「直接手渡し，またはファックス，書簡郵便，電子メールによって配達される」
e-mail を含む場合の表現です。

＊by personal delivery or by certified mail, or recognized overnight delivery
services「直接手渡し，または配達証明郵便，もしくは定評のある夜間配達
サービスによって」

＊be delivered personally or sent by confirmed telex or facsimile or
registered or certified mail「直接手渡し，または確認付きテレックスもしく
はファックス，または書留もしくは配達証明郵便にて配達される」

be delivered personally or sent by confirmed telex or facsimile or registered or certified mail 直接手渡し，または確認付きテレックスもしくはファックス，または書留もしくは配達証明郵便にて

(Notice) 通知

Except as otherwise specifically provided in this Agreement：本契約上特別に規定する場合を除き	Except as otherwise specifically provided in this Agreement, all notices and other communications required or permitted to be given under this Agreement shall be in writing in the English language and shall **be delivered personally or sent by confirmed telex or facsimile or registered or certified mail** to the other Party to this Agreement at the following address:
	(1) To XXX President
	   Company XXX
	   Address
	   Telefax No.
	(2) To YYY President
	   Company YYY
	   Address
	   Telefax No.

訳 本契約上特別に規定する場合を除き，本契約に基づき要求または許可されるすべての通知およびその他の通信は，英語による書面とし，直接手渡し，または確認付きテレックスもしくはファックス，または書留もしくは配達証明郵便にて，本契約の他方当事者に対し下記の住所宛てに送付されるものとする。

（以下略）

解 説

契約の履行，解除，自動更新拒絶の意思表示をする場合に，通知がなされたのか否か，通知がなされたとしていつなされたのかは，効力の有無，残債務がいくらになるのかについて影響があるために，重要な意味を持ちま

す。

　通知の方法については，限定的に列挙されている場合や，例示的にしか列挙されていない場合もあり，また近年では簡易な方法として電子メールを含む場合も多くなっています。

　また，通知が相手方に到達して初めて効力が発生する到達主義と，発信者が発信した時点で効力が発生する発信主義とがあります。いずれになるかは契約の性質によって考える必要がありますが，解除，更新拒絶などの重要な局面で通知をする場合や，相手方が初めての取引先でその実態がよくわからず到達が確実とはいえない場合は，発信主義を明記していたほうが自社にとって有利といえるでしょう。

reimburse ◆ indemnify, defend and hold harmless ～ from and against～ ◆ to the extent that ～◆ represent and warrant ◆ responsibility / liability / duty / obligation ◆ jointly and severally ◆ discharge / exempt / immune / release ◆ express warranty / implied warranty ◆ guarantee ◆ defect / malfunction ◆ compatible with～

reimburse ▶「支払う，補償する，払戻しをする」 ★★★

費用などを払い戻すことを表します。

expressly provided
in～：～に明確に定
められている
out-of-pocket
expenses：費用
provided that～：
～を条件として

If expressly provided in Exhibit A, Company will **reimburse** Consultant for its reasonable and actual out-of-pocket expenses incurred in performing the Services, provided that such expenses are approved in advance in writing by Company and appropriate documentation（such as receipts and expense reports）is submitted to Company.

訳例 別紙 A に明確に定められている場合，会社の事前の書面による承認があり，かつ適切な書類（領収書，費用明細書など）が会社宛に提出されることを条件として，会社は本件業務遂行にあたって発生した実際に支出された合理的な費用をコンサルタントに償還する。

indemnify, defend and hold harmless～ from and against～ ▶「補償し，～から損害を与えない」 ★★★

「一方当事者が，他方当事者を免責する，すなわち，損害を与えない（損害を肩代わりする）」ということを表します。

reasonable
attorneys' fees：
合理的な弁護士費用
on account of〜：
〜の理由で，〜のた
め
set forth：
規定される

Developer agrees to **defend, indemnify and hold harmless** Client and its directors, officers, employees and agents **from and against** defense costs（including reasonable attorneys' fees）, judgments and other expenses arising out of or on account of any and all claims regarding the breach of any representation and warranty set forth in Article 8 above.

訳例 開発受託者は，第8条に規定される表明・保証の違反に関するすべての請求からまたはこれを理由に生じた防御費用（合理的な弁護士費用を含む），判決による確定債務その他の費用から本顧客，その取締役，役員，従業員および代理人を防御し，補償し，損害を与えないことに同意する。

to the extent：
限りにおいて
alleged：
主張されている，申
し立てられている
infringement：
（権利の）侵害

ABC will **indemnify, defend and hold harmless** Customer **from and against** any and all loss, damage, liability, expense, including reasonable defense costs and reasonable legal fees, and claims for damages, in each case to the extent directly and proximately arising from any actual or alleged infringement of any patent, copyright or trade secret arising out of the Products supplied to Customer by ABC hereunder.

訳例 ABC は，本契約に基づき ABC が本件顧客に提供した製品が特許，著作権，またはトレードシークレットを実際に侵害した，あるいは侵害しているとの申立てに直接起因するか，これに近因する限りにおいて，一切の損失，損害，責任，費用（合理的な防御費用および法的費用を含む），および損害賠償請求につき，本件顧客を免責，防御し，損害を与えないものとする。

to the extent that〜 ▶「〜に限りその範囲で」 ★★★

third party：第三者
due to〜：
〜が原因で

> Seller shall indemnify, defend and hold Buyer, its agents and assigns harmless from any action brought by a <u>third party</u> against Buyer **to the extent that** the Products have caused any damages against any <u>third party</u> <u>due to</u> the cause attributable to Seller.

訳例 売主は，売主の帰責事由が原因で本製品が<u>第三者</u>に損害を与えている場合に限りその範囲で，<u>第三者</u>により買主に対して提起された訴訟について，買主ならびにその代理人および譲受人を免責し，防御し，損害を与えないものとする。

represent and warrant ▶「表明し，保証する」 ★★★

次は，「表明し保証する」という表現です。represent and warrant のように，二つの単語をセットにして使うことがよくあります。類義語の重複のひとつといえます（同義語・類語の重複については別の章で説明しています）。

＊represent, warrant and covenant to X that〜

「X に〜であることを表明，保証，約束する」

この表現で定められた保証につき，違反があった場合には，その違反者は法的責任を負うことになります。

in compliance with
〜：〜に従って

> Seller **represents and warrants** to Buyer that it is <u>in compliance with</u> all relevant laws and regulations and that the Products to be provided hereunder will be manufactured and provided in compliance with all relevant laws and regulations.

訳例 売主は買主に対して関連法令を遵守し，本契約で供給される製品が関連法令に<u>従って</u>製造され，供給されていることを表明し，保証する。

responsibility / liability / duty / obligation ▶「責任」「義務」　★★

　duty，obligation については義務に関する表現の章でも触れていますが，あらためてここで，四つの単語の意味の違いを見てみましょう。

　responsibility は広義の責任，liability は法的責任，duty や obligation は，契約上および法律上の義務に加えて，道義的な義務まで含む広い概念です。そこで，人一倍心配性の英文契約書の起草者は，より広い概念である responsibility, duty や obligation を使用することによって漏れがないようにすることが多いのですが，responsibility も duty も obligation も契約書上で使用する場合には，裁判所は法的な救済の範囲しか認めないでしょうから，結局は，liability を使用した場合と実質的な意味は同じになります。

＊rights and liabilities「権利または義務」

＊at one's responsibility「〜の責任において」

＊at one's own risk「自己のリスクにおいて，危険を自己負担して」

＊have responsibility for〜「〜に対する責任がある」

＊on one's cost and at one's sole responsibility「単独の責任と負担において」
　責任と費用負担とをセットで規定する場合も多くあります。

＊on one's own responsibility and at one's own expenses
　「自己の責任と費用をもって」
　なお，expenses「費用」については，「費用負担に関する表現」の章で別途説明しています。

Each party hereto shall, **on its own responsibility and at its own expenses**, give a compensation for the inventions to the inventor(s) of such inventions within its own organization.

訳例 本発明に関する発明者に対する補償は，その発明者が所属する契約当事者が**自己の責任と費用をもって**行うものとする。

＊responsibility and obligation / responsibility or obligation「責任および義務」

hereafter：その後の

The failure of Seller at any time to require performance by the Buyer of any **responsibility or obligation** hereunder shall in no way affect the full right to require such performance at any time hereafter.

訳例 売主が，買主に対し本契約に基づく**責任**または**義務**を履行することを要求しなかった場合でも，そのことは，その後の上記履行請求権にはいかなる意味においても影響を及ぼさない。

＊exclusive liability「唯一の責任」

misappropriation：
不正流用

THE PROVISIONS OF THIS ARTICLE STATE THE **EXCLUSIVE LIABILITY** OF LICENSOR AND THE EXCLUSIVE REMEDY OF CUSTOMER WITH RESPECT TO ANY CLAIM OF INTELLECTUAL PROPERTY OR TRADE SECRET MISAPPROPRIATION OR INFRINGEMENT BY THE SOFTWARE.

訳例 本条の規定は，本件ソフトウェアによる，知的財産または営業秘密の不正流用または侵害に対する請求に関して，ライセンサーの唯一の責任および本件顧客の唯一の救済を明記するものである。

＊cross liability clause「交叉責任条項」
＊limit of liability「責任限度額」
＊limitation of liability「責任の制限」
＊remain liable「(引き続き) 責任を負う」
＊obligation or liability「義務または責任」

in respect of〜：
〜に関して

Upon such measures taken, ABC shall have no further **obligation or liability** to Distributor in respect of Distributor's use of such Products.

> **訳例** かかる措置がとられた場合，ABC は，ディストリビューターによる
> 製品の使用<u>に関して</u>，それ以上の**義務または責任を負わない**ものとする。

＊take measures / actions「措置を講じる」

　責任・保証に直接関係する表現ではありませんが，上記文例で使われている
take measures「措置をとる」についてここで解説します。この表現は，保証義
務違反（本文例では特許権・著作権侵害）が生じている場合に，違反状態がこ
れ以上続くことがないよう，何らかの措置を当事者が取ることを示すものです。
類似の表現として以下があります。

＊take appropriate countermeasures against〜
　「〜に対し適切な対応策を講じる」

＊take appropriate measures「適切な措置を講じる」

jointly and severally ▶ 連帯して（債務・責任を負う）　★★★

　jointly は「連帯して」，severally は「個別に」という意味ですが，jointly and
severally はこのフレーズ全体で，「連帯して（債務・責任を負う）」という意味
です。反対語は individually「分割して（債務・責任を負う）」です。

> You shall provide the Company with the guarantor who is **jointly and
> severally** responsible for the duty to pay for any damages, losses caused by
> you on the Company.
>
> **訳例** 貴殿は，貴殿が当社へ引き起こした損害・損失に対して連帯して支
> 払債務を負担する（責任を負う）保証人を提供しなければならない。

discharge / exempt / immune / release ▶「免除する」　★★

　discharge には複数の異なる意味がありますので，文脈から判断する必要があ
ります。

＊discharge a debtor from one's debts「債務者の債務を免除する」
　義務・債務を免責する，という意味の discharge です。

＊discharge one's debt「負債を弁済する，借金を返済する」

＊discharge one's duties「義務を履行する」

　職責や義務を果たす，という意味の discharge です。

　なお，責任・保証に関する表現とは関係ありませんが，discharge には「解雇する」という意味合いもあります。

　類似表現には以下があります。

＊exempt / exemption「免責する」，「免責」

＊be exempted from〜「〜から義務・責任を免除される」

＊immune / immunity「免除・免責する」，「法的免除，免責特権」

＊release〜from〜「〜を〜から免除・解放する」

| mutually agreed to 〜：〜することを互いに合意する | The Company and Employee have <u>mutually agreed to</u> terminate the employment relationship and to **release** each other **from** any claims arising from or related to the employment relationship. |

訳例　会社と従業員は，雇用関係を終了すること，および雇用関係から生じる，またはそれに関係したいかなるクレームからも，お互いを<u>解放</u>することを<u>互いに合意</u>した。

express warranty / implied warranty
▶ 明示的保証と黙示の保証

　まずは，保証に関する表現から少し離れて，express と implied に関する表現を見てみましょう。特に express は，consent（同意），notice（通知）を，expressly は granted（付与された），permitted（許可された）などを修飾する語として使われます。同意，通知，（権利の）付与，許可は，他に解釈の余地がない程度にはっきりと示すように，との意味合いがこめられています。「明示」されたものだけが（何らかの）権利または資格の対象となる，というように，対象範囲の限定を示す表現となっていることが多いのも特徴です。

　なお，express を除いた，prior written consent, prior written notice も多く使用される表現です。これについては，「期限・期間・頻度を表す表現」の章の，prior

「事前の」の項目で別途説明しています。また，without を付けた without prior written consent などの表現については，「場合を限定する表現」の章で別途説明しています。

＊expressed or implied「明示的にも黙示的にも」

＊express prior written consent「明確な書面による事前同意」

＊express prior written notice「明確な書面による事前通知」

＊expressly granted「明示的に付与された」

＊expressly permitted「明示的に許可された」

be entitled to〜： 〜する権利が与えられている to the extent necessary to〜： 〜するために必要な範囲で hereunder： 本契約の下で	Distributor shall not be entitled to use Products in any manner or for any purpose not **expressly permitted** by the terms of this Agreement but may use, copy and distribute Products and Documentation to the extent necessary to exercise the rights **expressly granted** hereunder.

訳例 販売店は，本契約条件で明示的に許可されていないいかなる方法でもまたはいかなる目的のためにも製品を使用する権利が与えられているのではないが，本契約の下で明示的に付与された権利を行使するために必要な範囲で製品および付随資料を使用し，コピーしおよび頒布できる。

　ここから再び，保証の表現の話（express warranty と implied warranty の比較について）に戻ります。

　「黙示的」な保証とは，明示（express）の保証がされていなくても，法律の規定やその他の状況によって法的に保証をしたものとみなされる場合をいいます。一般的には，express が対象範囲を限定する機能を有しているのに対し，implied は対象を広く捉えようとするときに使う用語です。すなわち，書面で明示していなくとも，また，当事者間で議題として取り上げて合意したといえなくとも，当該当事者間を取り巻く状況，すなわちその当事者らのこれまでの取引過程（course of dealing）や履行過程（course of performance），その業界の取引慣行（usage of trade），もしくは当該契約の種類・性質などから総合的に判断して，「黙示的」な保証とは何かを認定し，そのような保証も漏らさず

含む，という意味が implied warranty にはあります。implied warranty がある
といえるか否かの判断要素を下記に例示列挙します。

＊course of dealing「取引過程」

＊course of performance「履行過程」

＊usage of trade「（その業界の）取引慣行」

＊the generally accepted practices of the industry「業界の一般的な慣行」

＊generally accepted industry standards
　「一般的に受け入れられている業界基準」

represent and warrant： 表明し，保証する conform to〜： 〜に一致して，従っ て，遵守して in a professional manner：専門的に 本業務を行って	Developer represents and warrants that, for one year from the date of acceptance of the Software by Company hereunder（the "Warranty Period"）：(ⅰ) the Software will conform to the Specifications; and (ⅱ) Developer will perform the Services in a professional manner conforming to **generally accepted industry** **standards**.

訳例 受託開発者は，本契約に従って委託者が本ソフトウェアを受領した
日から1年間（以下「保証期間」という），(ⅰ)本ソフトウェアが本件仕様
に従っていることおよび(ⅱ)受託者が一般的に受け入れられている業界基
準に従って専門的に本業務を行っていることを表明し，保証する。

＊expressly warrant「明示的に保証する」

＊implied warranty「黙示的保証」

set forth：規定する in lieu of〜： 〜に代わる quiet enjoyment： 平穏な利用の享受	THE WARRANTIES SET FORTH IN THIS ARTICLE ARE IN LIEU OF ALL OTHER WARRANTIES, EXPRESS, STATUTORY, AND IMPLIED, INCLUDING, BUT NOT LIMITED TO, THE **IMPLIED** **WARRANTIES** OF ACCURACY, QUIET ENJOYMENT, NON-INFRINGEMENT,

MERCHANTABILITY AND FITNESS FOR A
PARTICULAR PURPOSE

訳例 本条に掲げる保証は，正確性，平穏享受性，非侵害性，商品性および特定目的適合性の黙示的保証を含む，明示的，法的，黙示的その他すべての保証に代わるものである。

ところで，上記の文例は，なぜ全部大文字で書かれているのでしょうか。アメリカの UCC（Uniform Commercial Code ＝統一商事法典，日本の商法と契約法を合わせたもの）では，黙示の保証を排除するために目立つ形式（conspicuous）で契約上規定して買主へ注意を喚起しなければ，保証の排除は無効になってしまいます。それで，英文契約書で保証の排除を行う場合には慣例的に全部大文字で記載されます。

＊implied warranty of fitness for a particular purpose
「黙示的特定目的適合性保証」
＊implied warranty of merchantability「黙示的商品性保証」
＊implied warranty of non-infringement「黙示的非侵害保証」
＊implied warranty of accuracy「黙示的正確性保証」
＊implied warranty of quiet enjoyment「黙示的平穏享受保証」

except as provided
〜：〜に定める場合
を除き
whether express or
implied：明示また
は黙示を問わず
including but not
limited to〜：
〜を含むがこれらに
限定されない

DISCLAIMER OF WARRANTIES
EXCEPT AS PROVIDED HEREIN, ABC DOES NOT
MAKE ANY WARRANTIES OR REPRESENTATIONS
WITH RESPECT TO PRODUCTS OR SERVICES
PROVIDED HEREUNDER, WHETHER EXPRESS OR
IMPLIED, ARISING BY LAW, CUSTOM, ORAL OR
WRITTEN STATEMENTS OR OTHERWISE,
INCLUDING BUT NOT LIMITED TO ANY IMPLIED
WARRANTY OF MERCHANTABILITY, FITNESS
FOR A PARTICULAR PURPOSE, TITLE, NON-
INFRINGEMENT OF THIRD PARTY RIGHTS, OR OF
ERROR FREE AND UNINTERRUPTED USE.

　本契約に定める場合を除き，ABC は，明示または黙示を問わず，ま
た法律，慣習，口頭もしくは書面での説明その他で生じたか否かを問わ
ず，商品性，特定目的適合性，権限，第三者の権利の侵害の不存在，エ
ラーのないことおよび稼働が中断しないことについての黙示保証を含む
がこれらに限定されず，本契約に基づき提供された製品またはサービス
に関して何らの保証または表明もしない。

＊implied warranty of title「所有権の黙示的保証」

＊implied warranty of error free and uninterrupted use
　「エラーなく使用が中断しない黙示的保証」

guarantee ▶「保証する」「(その他契約上の債務の履行を) 保証する」 ★★

　guarantee は保証を意味します。かつては，guarantee は債務の保証，warranty
は物品の保証，というように区別されていましたが，現在では両者ともに債務
の保証・物の保証のいずれも意味します。これら二つの単語を重畳的に，
guarantees and warranties のように用いて，すべての保証を総称して表現する場
合もあります。

＊guarantee「保証」

＊provide guarantee「保証を与える」

so far as ～ : ～する限り in proportion to～ : ～の割合に応じて， 比例して	If and when the bank or other financing institution concerned demands additional **guarantee** for any borrowings, the Parties shall **provide** such **guarantee** so far as allowed under the law in proportion to their respective shareholdings in XYZ at the time of provision of such **guarantee**.

訳例 関係する銀行またはその他の金融機関が借入に対し追加保証を要求
　する場合には，両当事者は，保証を付与する時点の XYZ の各当事者の
　保有株式に比例して，法に基づき認められる限り，かかる保証を与える。

次は，guarantee が，「事の実現・確実性などを請け合う」の意味に使われて
いる文例です。

＊guarantee that 〜 「〜ことを保証する」

by one's free will：
自由意思で

XYZ shall **guarantee that** employees of XYZ are
providing the Services by their free will.

訳例 XYZ は，本業務の提供のために XYZ が使用する労働者は，自らの
意思で当該労働に従事していることを保証する。

＊declare and guarantee that〜 「〜であることを表明し保証する（請け合う）」

ABC and XYZ hereunder **declare and guarantee that** each Party has not
breached and will not breach any of the following provisions.

訳例 ABC および XYZ は，本覚書の締結をもって，それぞれ自己が次の
各号の一にも違反していないこと，および今後も違反しないことを表明
し保証する。

defect / malfunction ▶「欠陥，不具合」   ★★

保証が問題になる場面で使われる用語です。保証が問題になるのは，保証義
務違反がある場合，特に契約の目的物に瑕疵や不具合がある場合です。

＊defect or malfunction of products 「製品の欠陥もしくは不具合」

defect は，義務があるのにそれが全うされておらず欠陥がある，という意味
です。他方，malfunction は，欠陥を含むすべての不具合，すなわち正常に機能
しないという事実・状態を述べています。malfunction の場合は，単に事実を述
べているだけですので，誰に責任があるかはまだわからないのです。

この点は，「同義語・類語の重複」の章でも説明しています。

＊latent defects 「隠れた瑕疵」

特に，引渡時には発見されず後日発見される隠れた瑕疵のことをいいます。

compatible with〜 ▶「矛盾のない，両立する，〜に互換性がある」★★★

保証の内容として，特に IT 関連の契約の中で使われることの多い表現です。

expressly exclude： 明確に排除する express or implied：明示的も しくは黙示的 including, without limitation〜： 〜を含むがこれに限 られない	THIS AGREEMENT <u>EXPRESSLY EXCLUDES</u> ALL OTHER WARRANTIES, EITHER <u>EXPRESS OR IMPLIED</u>, <u>INCLUDING, WITHOUT LIMITATION,</u> ANY WARRANTY THAT THE SOFTWARE IS ERROR-FREE, WILL OPERATE WITHOUT INTERRUPTION OR IS **COMPATIBLE WITH** ALL EQUIPMENT AND SOFTWARE CONFIGURATIONS.

訳例 本契約は，本ソフトウェアがエラーフリーであり，障害なく稼働し，また，すべての装置およびソフトウェアの構成に<u>互換性</u>があるという保証を含むがこれに限られないその他一切の<u>明示的もしくは黙示的</u>保証を<u>明確に排除する</u>。

　ではこの章に出てきた表現の一般条項の中での使い方を見てみましょう。まずは，下請の場面で権利譲渡がなされた場合に，譲渡者が引き続き責任を負う旨を表現する，remain liable です。

　この規定には，譲渡をした当事者は，譲渡後もあたかも履行保証人であるかのように契約履行責任を負い続けるという効果があります。

【一般条項の中の基本表現】remain liable　相手方に対して契約履行責任を負い，万が一不履行が生じた場合は賠償責任を負う

（Assignment and Delegation）下請に関する規定（従前の義務を負う場合）

without the other party's prior written consent： 相手方の書面による 事前の同意なくして be relieved of：（義 務から）解放される	Neither party shall assign this Agreement or its rights under this Agreement or delegate its obligations under this Agreement <u>without the other party's prior written consent</u>. In the event of such assignment or delegation, the assigning or delegating party shall **remain liable** to the other party and shall not <u>be relieved of</u> any obligation under this Agreement.

訳 いずれの当事者も，相手方の書面による事前の同意なくして，本契約自体または契約上の権利を譲渡し，または本契約上の義務を下請けに出すことはできないものとする。かかる譲渡または下請けをした場合，当該当事者は，相手方に対し引き続き履行責任を負い，本契約上の義務からは解放されないものとする。

　次は，一般条項の中でも最も頻出度が高い責任の制限規定についてです。表題そのものが，責任に関する表現となっています。

　契約違反があった場合，無違反当事者から損害賠償請求がなされることがあります。損害賠償の概念には，直接損害，間接損害のほかに，米国のように懲罰的損害賠償（多くの場合，高額となります）を認める国もあります。債務不履行があったとき，どのような場合にどこまでの損害を補償してもらえるのか，あるいはどこまで損害賠償金を支払わなければならないのかを予測可能な範囲にとどめておけば，契約不履行の際のリスクを軽減させることができます。

【一般条項の中の基本表現】Limitation of Liability　責任の制限①

(Limitation of Liability)責任の制限

to the extent～：
～の範囲で
except as expressly
specified in this
agreement：
本契約に明示的に規定される場合を除き

TO THE EXTENT ALLOWED BY APPLICABLE LAW, EXCEPT AS EXPRESSLY SPECIFIED IN THIS AGREEMENT, NEITHER LICENSOR NOR ITS TECH PARTNERS WILL BE LIABLE FOR ANY LOSS OR DAMAGE THAT MAY ARISE IN CONNECTION WITH CUSTOMER'S USE OF THE SOFTWARE.

訳 準拠法により認められる範囲で，本契約に明示的に規定される場合を除き，ライセンサーまたはその技術パートナーはいずれも，本件顧客による本件ソフトウェアの使用に関して発生する損失または損害に対して責任を負わないものとする。

（Limitation of Liability）責任の制限

liability：責任

Seller's liability for all claims, however caused and on any theory of liability arising out of this Agreement, shall in no event exceed an amount equal of the total purchase revenue actually received by Seller in respect of the affected Products giving rise to such damages or the amount of US Dollars 5,000,000.00 as a liquidated damages therefor, whichever is greater.

訳 発生原因および責任の理論が何であるかを問わず，本契約から生じた全ての請求に対する売主の責任は，いかなる場合であっても，当該損害を与えた製品につき買主が実際に受領した購入売上金額に等しい額か，もしくは，その違約金として5百万米ドルのうち，いずれか大きい金額を超えないものとする。

解　説

　一方当事者が契約違反により相手方へ損害を与えた場合に，損害賠償金額に上限を設けているのが上記例です。損害賠償責任を負う可能性が高い，売主側に有利な規定になっています。上限を当事者が合意することで有効になります。

　他方，保証の他の形態として，ライセンス契約において"Warranties"として，契約の内容となっているプログラムの正式な知的財産権を持っていることを示す場合などもあります。

〈文例〉Licensor warrants that it has the right, title and interest in the Licensed Program, and Licensed Materials to enter into this Agreement.
「ライセンサーは，ライセンスプログラムおよびライセンスマテリアルについて契約を締結する権限，権原，利益を有することを保証する。」

　次の文例は，通常契約書に規定が要求される，反社会的勢力と関係を有していない旨の保証に関する条項です。

【一般条項の中の基本表現】represent and warrant　表明し保証する
（Antisocial Force）反社会的勢力と関係を有していない旨の保証

crime syndicate：
暴力団
corporate racketeer
：総会屋・ゆすり屋
antisocial forces：
反社会的勢力
collectively：
総称して

On the date of this Agreement, the X and Y **represent and warrant** to the each other that it, its parent company, and any of its subsidiaries, affiliates, directors, officers and employees are not crime syndicates, members of crime syndicate, crime syndicate-related companies or associations, corporate racketeer or any other antisocial forces（collectively, an "Antisocial Force"）and that it, its parent company, and any of its subsidiaries, affiliates, directors, officers and employees are not and will not be involved in any actions or activities using, or jointly associated with, any Antisocial Force.

訳 XおよびYは，本契約締結日において，相手方に対し，自ら，その親会社，子会社，関連会社，役員および従業員は，暴力団，暴力団構成員，暴力団関係企業または団体，総会屋，その他の反社会的勢力（以下総称して「反社会的勢力」という。）でないこと，ならびに，自ら，その親会社，子会社，関連会社，役員および従業員が反社会的勢力を利用し，または反社会的勢力と連携した行為または活動に関与しておらず，今後も関与しないことを表明し保証する。

7 法的拘束力に関する表現

bind / binding ◆ enforceable / enforceability / unenforceable / unenforceability

（動）bind /（形）binding ▶「拘束する」「拘束力のある」 ★★★

＊bind upon〜「〜を法的に拘束する」

＊not legally binding「法的拘束力のない」

> This Memorandum is **not legally binding** in any respect.
>
> 訳例 本覚書は，何らの法的拘束力も有するものではない。

　Letter of Intent（意向書，中間合意書，覚書）においてよく使われる表現です。しかし，not legally binding という表現を入れて法的拘束力をなくすことは，いわば，その意向書を骨抜きにしてしまうに等しく，これでは意向書を締結した意思自体が疑われてしまうという考え方が最近の傾向です。そこで，コミットできる部分はたとえ一部分でも積極的にコミットして拘束力を持たせていくという傾向が強まっています。

＊意向書の全ての条項の法的効力を否定するのではなく，秘密保持義務や独占交渉権条項など特定の条項に法的拘束力を持たせたい場合

> This Letter of Intent is **not legally binding** except the Sections 2, 3, 4, 5, 6 and 7.
>
> 訳例 本書は，第2条，第3条，第4条，第5条，第6条および第7条を除き，法的拘束力を有しないものとする。

　ここで，意向書の主要条項例を見てみましょう。

＊意向書の秘密保持義務条項

disclose：開示する ： Confidentiality Any information related to the

third party：第三者
without one's prior
written consent：
〜の事前の書面による同意なく

performance of this Letter of Intent shall be kept and maintained strictly confidential and shall not be <u>disclosed</u> to any <u>third party</u> <u>without the prior written consent</u> of the other party.

> **訳例** 【守秘義務条項】本合意の履行に関するいずれの情報も極秘に保持され，他方当事者の文書による事前の同意なしに，いかなる第三者にも開示してはならない。

＊意向書の独占交渉権条項

Exclusive Negotiations: During the term of this Letter of Intent, Seller shall not have any discussions with anyone other than Buyer concerning the sale of any shares of XYZ.

> **訳例** 【独占交渉権】本書の有効期間中，売主は XYZ 株式の売却に関して買主以外のいかなる第三者とも協議を行ってはならない。

＊non-binding 「拘束力のない」

mediation：調停
in the Attorney's
sole judgment：
弁護士が自己の単独の判断で

Client further authorizes Attorney to submit the case to **non-binding** <u>mediation</u> if, <u>in the Attorney's sole judgment</u>, mediation would be an effective method of resolving the case.

> **訳例** クライアントはさらに弁護士に対して，弁護士が自己の単独の判断で紛争解決に有効であると考える場合には，当該案件を拘束力のない調停に付する権限を許諾する。

---

enforceable / enforceability ⇔ unenforceable / unenforceability ★★★
「(法的に) 強制できる」「法的強制力」 ⇔ 「強制し得ない」

enforceability には「執行可能性」という意味もあります。また，unenforceable の類義語として，invalid（無効である），illegal（違法である）があります。

in good faith：
誠実に

If any part of this Agreement becomes **invalid**, **illegal** or **unenforceable**, the parties shall negotiate <u>in good faith</u> in order to agree the terms of a mutually satisfactory provision to be substituted for the **invalid**, **illegal** or **unenforceable** provision.

訳例 本契約のいずれかの部分が，**無効**，**違法**または**強制不可能**となった場合，両当事者は，**無効**，**違法**または**強制不可能**な規定に代わる，相互に満足できる規定の条項に合意するため，<u>誠実に</u>交渉をするものとする。

valid / validity / invalid / invalidity ◆ legal / legality / illegal / illegality ◆ in effect / force ◆ prevail / supersede / take precedence over〜◆ lapse

　本章では，契約「全体」の有効性にかかわる表現を見ていきます。これに対して前章は，全体ではなく「個別」の条項や義務の法的拘束力の話でした。

（形）valid /（名）validity ⇔（形）invalid /（名）invalidity
▶「有効な」「有効性」⇔「無効な」「無効」　

＊validity of the Agreement「契約の有効性」
＊scope of the Agreement「契約の有効範囲」

（形）legal /（名）legality ⇔ （形）illegal /（名）illegality
▶「適法な」「適法性」⇔「違法な」「違法性」　

＊Legality of Agreement / Contract「契約の適法性」

in effect / force ▶「有効である」　★★★

＊continue in effect「（引き続き）契約が有効である」
＊have effect「契約が有効になる（＝ be effective）」
＊remain in effect「（引き続き）契約が有効である」

> as provided herein：
> 本契約で定めた
>
> This Agreement shall **remain in effect** until terminated by either party as provided herein.

訳例 本契約は，いずれかの当事者が本契約で定めた事由によって終了させるまでの間，有効に存続するものとする。

＊with immediate effect「直ちに」
　催告が要求されないことを意味します。時を表す immediate については，「期限・期間・頻度を表す表現」の章で別途説明しています。

without prejudice to
〜：〜を害すること
なく
written notice：
書面の通知
in accordance with
〜：〜に従って

Either party may, <u>without prejudice to</u> any other rights or remedies, terminate this Agreement by giving a <u>written notice</u> to the other party **with immediate effect**, <u>in accordance with</u> the termination provision hereof.

訳例 いずれの当事者も，その他の権利や救済措置を本契約の<u>解除条項</u>に<u>従って 害することなく</u>，相手方当事者に対して<u>書面の通知</u>をすることで，本契約を<u>直ちに解除</u>することができる。

＊in（full）force and effect「効力を持って」
＊remain in full force and effect「（引き続き）契約が有効である」

This Agreement shall **remain in full force and effect**, unaltered and unchanged by the Amendment.

訳例 本契約における他のすべての条件は<u>有効に存続</u>し，本修正によっては変更されないものとする。

＊continue in full force「有効に存続する」
＊remain in full force（＝ remain in effect, continue in effect）
「（引き続き）契約が有効である」
＊come into force, become into force「契約が有効になる」

expire：効力を失う

This Agreement shall **become into force** on the Effective Date and <u>expire</u> on the Expiration Date.

訳例 本契約は，効力発生日に有効となり，終了日に<u>効力を失う</u>。

prevail / supersede / take precedence over〜
▶「〜に優先する」 ★★★

同一の案件に関して複数の契約書が存在し，かつそれらの条項が互いに矛盾

する場合，特定のひとつの契約（下記文例では個別契約）が優先することをあらかじめ定めておくときに使われる表現です。同様に，これらの表現は，ひとつの契約書の中であっても互いに矛盾する条項がある場合に，優先する条項を定めるときにも使われます。

terms and
conditions：契約条件

> When the terms and conditions of an individual contract are inconsistent with any provisions of this Agreement, the terms and conditions of an individual contract shall **prevail**.

訳例 個別契約の条件が本契約の条項と矛盾する場合，個別契約の条件が優先するものとする。

＊supersede all previous provisions「従前のすべての規定に優先する」
＊with precedence / take precedence over〜「〜に優先して」

> This Agreement **supersedes** and **takes precedence over all previous agreements** between the Parties.

訳例 本契約は，両当事者間におけるすべてのそれ以前の合意にとって代わり，優先されるものとする。

lapse ▶「失効する」　★★

契約の有効性の反対概念として，契約が失効することを表現する用語です。
＊lapse forthwith / forthwith lapse「直ちに失効する」
　なお，時を表す forthwith については，期限・期間・頻度を表す表現の章で別途説明しています。文例は，後述の一般条項の中で見ることができます。
　それでは，この章に出てきた表現を一般条項で見てみましょう。

【一般条項の中の基本表現】 prevail 優先する

(Controlling Language)支配言語

controlling language：支配言語 provided, however, that： ただし～とする	This Agreement is written and prepared in the English language. This Agreement may be translated into any language other than English; provided, however, that the English text shall **prevail** in any event.

訳 本契約は，英語により作成される。本契約は，英語以外の言語に翻訳される場合がある。ただし，いかなる場合でも英語版が**優先する**ものとする。

解　説

　国際的取引においては，交渉段階で英語・日本語両方の契約書が存在していることもあります。そこで，どの言語で書かれた契約書が正本であるかを示す必要があるのです。本文例では，日本語と英語の契約書に齟齬があった場合には，英語の契約書の内容によることになります。

　上記の一般条項に関連して，正本と副本についての一般条項もここで見ておきます。

【一般条項の中の基本表現】 Counterparts 副本

(Counterparts)副本

counterpart：副本 be deemed： 見なされる original：正本	This Agreement may be executed in one or more counterparts, each of which shall be deemed an original, but all of which together shall constitute one and the same documents.

訳 本契約は一通または複数の副本により締結できるものとし，各副本はいずれも正本として見なされるが，すべてあわせて唯一の同じ書面を構成するものとする。

　次は，完全合意の条項です。これは，本契約とは別に，他にいかなる交渉や

合意があったとしても，本件契約書が完全なる合意であって，他のすべてに優先することを示す一般条項です。

【一般条項の中の基本表現】supersedes all previous provisions　従前のすべての規定に優先する

(Entire Agreement)完全合意

constitute：
構成する
addition to or
modification：
追加または修正
binding：拘束する

This Agreement constitutes the entire agreement between the Parties as to the subject matter of this Agreement and merges and **supersedes all previous** discussion, negotiations and agreements, either oral or written, with respect to the subject matter hereof, and no addition to or modification of this Agreement shall be binding on either Party hereto unless reduced to writing and agreed upon by each of the Parties hereto.

訳 本契約は，本契約の主題に関する両当事者間の完全な合意事項を構成し，本契約の主題に関する口頭または書面による従前のすべての討議，交渉および合意事項を統合し，これらの事項に優先し取って代わる。また，本契約への追加または修正が本契約の当事者を拘束するには，その追加または修正を文書化し，かつ，本契約の両当事者それぞれがそれに同意することを要する。

解　説

英文契約書には完全合意の規定が入っていることが通常です。これは，英文契約書の基本的スタイルとして，日本のシンプルな契約書とは異なり，起こり得るすべての事項を想定し条文化していくことに関連しています。起こり得るすべての条項を挿入したのであれば，それ以外の合意事項・確認書などの合意は契約内容として認めないとすることが，紛争の回避につながります。

　書面化していない合意を契約内容として認めないことを口頭証拠排除の原則（Parol Evidence Rule）といい，この原則を具体化したのが完全合意条項（Entire Agreement）といわれています。

また，完全合意の範囲を，添付書類にまで広げる場合には，次のような
表現ができます。

"All Exhibits shall be deemed a part of this Agreement."
「すべての添付書類は，本契約書の一部とみなす。」

　次は，契約終了後も効力を継続させるための存続条項です。存続条項として
規定された場合を除き，他の権利は「直ちに失効する」ことを表現しています。

【一般条項の中の基本表現】forthwith lapse　直ちに失効する

(Survival)存続条項

expiration or termination：終了または解除 accruing：権利として生じる	Except for the confidentiality clause hereof, upon expiration or termination, for any reason, of this Agreement, all right accruing to either Party hereunder shall **forthwith lapse**.

訳 本契約守秘義務条項を除き，本契約の期間満了または解除後は理由を
問わず，本契約に基づき各当事者に生ずる一切の権利は**直ちに効力を失う**。

解　　説

　契約が終了した時点で，契約の条項はすべて効力を失うのが原則ですが，
契約終了後も当然に効力を継続させておく必要がある条項(秘密保持など)
があります。この文例では，こうした条項を契約終了後も存続させ，それ
以外の権利義務は失効する旨の規定がなされています。

　次は，強行法規違反があった場合の契約条項の可分性についてです。契約内
容の一部が，たとえば独禁法違反などの強行法規に違反し効力を有しない場合
があります。このように特定の条項が無効となった場合に，公序良俗違反と
して契約全体も無効となってしまうことがあります。契約自体は無効としたくな
い場合は切分けが必要です。契約自体は引き続き有効としたい場合，
Severability「分離可能性」の条項が役立ちます。

（Severability）分離可能性 ── 他の規定は有効とみなす規定

only to the extent of
〜：〜の限度におい
てのみ
unenforceability：
法的拘束力がない

In case any provision in this Agreement shall be **invalid**, **illegal** or **unenforceable**, such provision shall be ineffective only to the extent of such invalidity, illegality or unenforceability, and enforceability of the remaining provisions shall not in any way be affected or impaired thereby.

訳 本契約のいずれかの条項が無効，違法となり，もしくは法的拘束力を失う場合でも，かかる条項が効力を失うのは，上記の無効，違法となり，もしくは法的拘束力を失う 限度においてのみである。それによって残りの条項の法的拘束力は影響を受けず，もしくは損なわれることはない。

リーガルテックの普及によって，契約書の締結を，PDF ファイルの交換によって行ったり，電子認証を使用して行ったり（電子認証制度により本人確認して本人が締結する），あるいは，クラウド上の電子署名（クラウド・プロバイダーのクラウド上で，プロバイダーにより本人確認してプロバイダーが代行して締結する）を利用するといった契約締結形態が出てきていますが，通常の結語では，証拠能力に疑義が生じるので，以下の結語を使用することにより，契約当事者が（通常の契約書の締結ではない）これらの契約締結方法に合意することにより，どこの国の裁判所でも認められる証拠能力を高めるべきでしょう。

次の例文は，通常の契約書，PDF，電子契約，クラウド契約，すべての形式への対応版です。

IN WITNESS
WHEREOF：
上記の証として

IN WITNESS WHEREOF, The Parties have caused this Agreement to be executed in its originals（including the digital or electronic method agreed by both Parties, all of which, both parties agree, shall be equally effective as manually executed originals）by the duly authorized representatives of both Parties.

訳例 以上を証するために，両当事者の正当に授権された代表者によって
本契約の原本が締結される。かかる原本は，当事者が合意したデジタル
又は電子的形式を含むが，これらの全ては自署により締結された契約の
原本と同等の効力を有することを当事者は合意する。

9 列挙に関する表現

including, without limitation〜 / including, but not limited to〜

including, without limitation〜 / including, but not limited to 〜 ▶ 「〜を含むが，これに限定されない」（例示列挙）

　including, without limitation〜は「〜を含むが，これに限定されない」という意味の「例示列挙」（そこに挙げられている項目は例示であって，他の項目も含まれる可能性もあること）を表しています。類似の表現として，including, but not limited to〜や including, with no limitation〜などがあります。

　反対に，including with limitations は，「以下を含み，それに限定される」という意味で，「限定列挙」を表しています。

　契約書では，例示列挙の表現が多く使われます。

＊include but not be limited to〜 / including, but not limited to〜
「〜を含むがこれに限らない」

from time to time：
随時
upon request：
要求に応じて

ABC shall provide reasonable marketing support to Distributor, which support shall **include but not be limited to** the provision from time to time and upon request of market information relating to sales for ABC products in other countries.

訳例 ABC は，販売店に対して合理的なマーケティングサポートを提供するものとし，このサポートには，以下が含まれるがこれらに限定されないものとする。

　他国での ABC 製品の売上げに関する市場情報の随時の，および要求に応じての提供

＊including, without limitation, 〜 / including, with no limitation, 〜
「〜を含むがこれらに限られない（ものを含む）」

be liable for〜： 〜に対して責任を負う in the event that： 〜の場合には be rendered impossible： 不可能となる due to〜： 〜を原因として force majeure： 不可抗力	Neither Party shall be liable for failure to perform under this Agreement in the event that performance is rendered impossible due to force majeure, **including, with no limitation**, acts of God, war, threat of war, warlike conditions, hostilities, mobilization for war, blockade, embargo, detention, revolution, riot, port congestion, looting, strike, lockout, plague or other epidemic, destruction or damage of goods or premises, fire, typhoon, earthquake, flood or accident.

訳例 いずれの当事者も，天変地異，戦争，戦争のおそれ，戦争類似の状況，敵対行為，戦時体制，封鎖，通商停止，拘留，革命，暴動，港湾の混乱，略奪行為，ストライキ，ロックアウト，伝染病もしくはその他の疫病，物資もしくは施設の破壊もしくは損傷，火災，台風，地震，洪水もしくは事故を含むがこれに限られない不可抗力 により義務の履行が不可能となった 場合には，本契約に基づく義務の不履行について相手方当事者に対して責任を負わない。

では，一般条項での使われ方を見てみましょう。輸出管理に関する一般条項です。

日本における輸出管理の法規は，外国為替及び外国貿易法（外為法）です。外為法で規制されている貨物や技術を輸出（提供）しようとする場合は，原則として，経済産業大臣の輸出許可を受ける必要があります。

【一般条項の中の基本表現】

（Export Control）輸出管理

export control：
輸出管理

Each Party shall not export or re-export, directly or indirectly, the Licensed Products and any technical information furnished to such Party hereunder in violation of any applicable mandatory export control laws and / or regulations, **including, but not limited to,** those of the United States.

訳 各当事者は，ライセンス許諾製品及び当事者に提供された技術情報を，アメリカ合衆国のものを含む（それに限られない）強行法規たる輸出管理法及び／もしくは規則に違反して直接または間接を問わず，輸出または再輸出をしてはならない。

10 権利の法的性質・処分・範囲に関する表現

exclusive / non-exclusive ◆ accruing ◆ assignable / transferable ◆ grant license / grant sublicenses ◆ waive / waiver ◆ validity or scope of right ◆ now existing or which may hereafter come into existence

exclusive ▶「独占的な」⇔ non-exclusive ▶「非独占的な」 ★★★

　exclusive は「独占的な」, non-exclusive は「非独占的な」という意味です。これらの用語が頻繁に使われる契約書の種類のひとつに,「ディストリビューター（販売総代理店）契約」が挙げられます。この契約では, ディストリビューターに独占的な(exclusive)販売権を付与するか, あくまで非独占的な(non-exclusive)販売権を与えるにすぎないか, 大きな分かれ道となります。exclusive な販売権を付与したならば, そのエリアで販売することができるのは, 当該ディストリビューターのみになる, ということです。

＊exclusive distributor「独占的販売店」

> ABC hereby appoints Distributor as an **exclusive distributor** of Products in Territory and agrees to supply Distributor with Products, and Distributor hereby accepts such appointment.
>
> **訳例** ABC は, 本契約により, ディストリビューターを販売地域内における, 製品の独占的ディストリビューターに任命し, 製品をディストリビューターに供給することに同意し, ディストリビューターはこの任命を受諾する。

　独占的な販売権を付与する場合には最低購入（販売）数量（金額）(minimum purchase (sales) volume (amount)) などの条件を付けることが一般的です。

＊non-exclusive distributor「非独占的ディストリビューター」

　前記の文例の exclusive distributor を, non-exclusive distributor に置き換えると,「非独占的ディストリビューター」を任命する条文になります。

　なお, exclusive という言葉は, 裁判管轄の合意についても専属的管轄の意

味で使用されます。なお，裁判管轄（jurisdiction）については，「紛争解決に関する表現」の章でも説明しています。

また，付与される権利が non-exclusive であることを示す表現もあります。

＊non-exclusive right「非独占的な権利」

＊non-exclusively「非独占的に」

＊non-transferable and non-exclusive「非譲渡かつ非独占的」

＊non-exclusive, royalty-free, worldwide, sub-licensable license「非独占的な，ロイヤリティの負担のない，全世界で再実施許諾可能なライセンス」

これは特に，クラウド・コンピューティング・サービスを利用するための規約の中によく出てくる表現です。

relating to〜： 〜に関連する	The Customer hereby grants ABC a **royalty-free, fully paid-up, non-exclusive, perpetual, irrevocable, worldwide, transferable, sub-licensable license** to use, copy, modify or distribute, including by incorporating into Cloud Computing Service, suggestions, enhancement requests, recommendations or other feedback provided by the Customer relating to the operation of Cloud Computing Service.

訳例 顧客は，ABC に対して，クラウド・コンピューティング・サービスの稼働に関連する，顧客により提供された提案，機能拡張の要請，推薦またはその他のフィードバックを使用し，複製し，修正または頒布するための，ロイヤリティフリー，全額払込済，非独占的，永久的，取消不能の全世界的，譲渡可能，再使用許諾可能なライセンスを（本契約により）許諾する。

accruing ▶「権利（義務）として生じる」

Tenant agrees to pay all Rent and other charges **accruing** from and after the
Effective Date until termination of the Lease Agreement.

訳例 賃借人は，本契約発効日以降賃貸借契約終了までに生じるすべての
賃料およびその他の手数料を支払うことに合意する。

assignable / transferable ▶「譲渡可能な」「移転可能な」

This Agreement is not **assignable** to any third party.

訳例 本契約は，いかなる第三者に対しても譲渡することはできない。

grant license / grant sublicenses
▶「ライセンスを許諾する」「ライセンスを再許諾する」

wholly owned
subsidiary：
完全子会社

The license granted hereunder includes the right by
Licensee to **grant sublicenses** within the scope of such
license to Licensee's wholly owned subsidiaries.

訳例 本契約に基づき許諾されたライセンスには，当該ライセンスの範囲
内で，ライセンシーがその完全子会社に使用権を再許諾する権利を含む
ものとする。

（動）waive /（名）waiver ▶「権利放棄する」「権利放棄」 ★★★
文例は，後述の一般条項の中で見ることができます。

＊Waiver of Sovereign Immunity「国家主権免除放棄」

国際法上，主権国家は他国の裁判権に服しません（「主権免除または主権免
責」といいます）。このような法理がそのまま適用されると，国家または国営企
業を相手に契約を締結したにもかかわらず相手（国）がこれを履行しない場合
に，訴訟を提起したとしても，主権免責を主張されてしまう可能性があります。

国家主権免除放棄規定は，そのような危険を回避し，裁判手続において損害賠償等の請求を可能にするための規定です。契約の相手方が，国家または国営企業の場合には，このような規定を挿入することが必要となります。

| represent and warrant：表明し保証する irrevocably：取消し不能の | Each Party hereby represents and warrants to the other Party that this Agreement is commercial in nature and is not public or governmental act and further that it **waives** all **immunity** it or its assets may otherwise have in any jurisdiction in reliance upon **sovereignty** or law. Each Party hereby irrevocably **waives immunity** it or its assets may have presently or in the future from setoff, litigation, preliminary attachment, attachment or enforcement of judgment by reasons of **sovereignty**. |

訳例 各当事者は，他方当事者に対して。本契約が性質上商業であって政府の行為ではないこと，さらに，債務者ないしその財産が，主権または法に依拠して，裁判管轄内で有するすべての免責を放棄することをここに表明し保証する。各当事者は，当該当事者およびその財産が現在または将来有する，国家主権を理由とした，相殺，訴訟，仮差押え，差押えまたは判決の執行からの免責を，ここに取消不能の形で放棄する。

＊renounce「（公式に）放棄する」
waive と同義ですが，公式に，という意味合いがより強い表現です。

validity or scope of right ▶「権利の有効性もしくは範囲」 ★★

Licensee shall not dispute **validity or scope of right** relating to the Patent.

訳例 ライセンシーは，特許に関する権利の有効性もしくは範囲について争わない。

now existing or which may hereafter come into existence
▶「現在存在し，または爾後実在のものとなった」

reserved to and by
〜：
〜に留保されている
proprietor：権利者

All rights, whether **now existing or which may hereafter come into existence** and which are not specifically mentioned in this Agreement, are hereby reserved to and by the Proprietor.

訳例 現在存在し，または爾後実在のものとなったものを問わず，本契約に特に規定されていないすべての権利は権利者 に留保されている。

では，一般条項における「権利の法的性質に関する表現」を見てみましょう。まず，契約の譲渡制限に関する条項です。

【一般条項の中の基本表現】assignable, transferable 譲渡可能な
(Assignment, Assignability) 契約譲渡 (制限)

without the written
consent of the other
Party：
相手方の書面による
同意なくして
in contravention of
〜：〜に違反して

Neither this Agreement nor any license or rights hereunder, in whole or in part, shall be **assignable** or otherwise **transferable** by any Party without the written consent of the other Party. Any attempt to do so in contravention of this Article shall be void.

訳 いずれの当事者も他方当事者の書面による同意なくして，本契約または本契約に基づくライセンスもしくは権利の全部または一部を譲渡し，またはそれ以外の方法で移転することはできない。本条に違反してその譲渡または移転を試みた場合，これは，無効とする。

解　説

「契約譲渡 (制限)」の条項は，契約を第三者に譲渡してはならないとする条項です。特に，継続的契約などの当事者間の信頼関係を重んじる種類契約においては，相手方が現在の相手方であるからこそ契約を締結している場合が多いといえましょう。そのような場合は，本文例のように，相手方の事前の同意なくしては契約譲渡できない旨の条項を挿入しておく必要

があります。

　次の No Waiver の規定は，権利放棄（Waiver）を主張する場合には，その主張を受ける相手方当事者の書面による事前の同意を要する旨を規定した一般条項です。

　英米法の概念の中には「禁反言の原則（Estoppel）」というものがあります。この原則が適用されると，契約上本来保有していた権利でも，相手方に対して行使しないことが繰り返された場合，その後に行使をしようとしても，その権利を放棄したとみなされてしまう場合があります。本規定はそのような権利の喪失，すなわち禁反言の原則の適用を避けることに狙いがあります。

【一般条項の中の基本表現】waive　権利放棄する
waiver　権利放棄

（No Waiver）権利非放棄

prior written consent：書面による事前の同意 be construed：解釈される	Neither this Agreement nor any provision hereof may be **waived** without the prior written consent of the Party against whom such **waiver** is asserted. No delay or omission by either Party to exercise any right or power shall impair any such right or power to be construed to be a **waiver** thereof. Consent by either Party to, or **waiver** of, a breach by the other Party shall not constitute consent to, **waiver** of, or excuse for any other different or subsequent breach.

訳　本契約または本契約の規定について**権利放棄**する場合，当該**権利放棄**の主張を受ける側の当事者の書面による事前同意を要する。当事者のいずれか一方が権利もしくは権力の行使を遅滞し，またはこれを行使しなかった場合であっても，当該権利もしくは権力を損なうものでなく，放棄したと解釈されないものとする。一方当事者による違反に対する他方当事者の承諾または**権利放棄**は，他の異なる違反またはその後の違反に対する承諾，**権利放棄**または免責とならないものとする。

選択権，救済を受ける権利に関する表現

at one's option / at one's choice / at one's (sole) discretion ◆コモン・ロー（common law）とエクイティ（equity）

at one's option / at one's choice / at one's (sole) discretion ▶「その裁量，選択により」 ★★★

いずれも「その裁量，選択により」という意味を表します。discretion は「裁量」を意味します。ここに sole が付くと「単独の裁量により」という意味になり，裁量の度合いがより強くなります。

be entitled：
権利がある
by giving one month's notice in writing：
1か月前の書面による通知により

Supplier shall be entitled, **at its choice**, to terminate this Agreement, or to cancel Distributor's exclusivity, or to reduce the scope of the Territory, by giving one month's notice in writing if Distributor fails in any Year to purchase the Minimum Quantity for that Year.

訳例 サプライヤーは，販売特約店がその年の最低目標額の購入を達成できなかった場合，1か月前の書面による通知により，その選択により，本契約を解除する，販売特約店の独占権を取り消す，または本販売地域を縮小させる権利を有する。

＊in its discretion「独自の裁量で」
＊at one's discretion「〜の裁量で」
＊at one's sole discretion「〜単独の裁量で」

third party：第三者

Reseller may, **in its sole discretion**, appoint a third party as Sublicensees in Territory.

訳例 リセラーは，その単独の裁量で，販売テリトリーにおけるサブライセンシーに第三者を指名できる。

*at one's own option「〜の選択により」

Company may, **at its own option**, purchase support and / or services in relation to the Products after the warranty period identified hereunder.

【訳例】 委託者は，自らの選択により本契約に記載の保証期間後において本製品に関するサポートおよびサービスを購入することができる。

*at one's option and in one's sole discretion「〜の選択と単独裁量で」

infringement：
（権利の）侵害
procure：手に入れる，取得する

If use of any Software is enjoined for any reason, Developer will, **at its option and in its sole discretion**, modify that Software so as to avoid infringement or procure the right for Company to continue to use that Software.

【訳例】 本ソフトウェアの使用が何らかの理由で差し止められた場合，受託開発者は，自らの選択と単独裁量で，権利侵害を避けるように本ソフトウェアを改修し，あるいは委託者が本ソフトウェアの使用を継続できるよう権利を取得するものとする。

コモン・ロー（common law）とエクイティ（equity）　★★

　英米法の国々（アメリカ，イギリス，オーストラリア，カナダなど主に英語圏）が基本としている法体系は英米法です。英米法のベースになっているのが「コモン・ロー」です。「コモン・ロー」とは，裁判の判決の集積の上に成立した判例法（case law）のことです。

　かつての英米法においては，法体系が二分されていました。ひとつは前述の「コモン・ロー」で，これは国王の裁定によるものでした。その後，役人の裁定による「エクイティ（衡平法）」が成立してきました。当時は，コモン・ロー裁判所とエクイティ裁判所とは互いに異なる存在で，併存していました。しかし現在は管轄裁判所が統合されて一本化されてきており，両者の法体系を区別する必要性も薄れてきています。

現在では，「コモン・ロー」が原則であり，「エクイティ」は例外であるという関係にあります。「コモン・ロー」における判断・結論が不公平な場合に，例外的にその不当性を修正するために「エクイティ」の法準則が認められます。

「コモン・ロー上の救済方法」を remedy at law といい，他方，「衡平法上の救済方法」を remedy in equity といいます。remedies at law and in equity で，すべての救済方法を表現しています。

＊equitable relief「衡平法上の救済」

＊remedy at law and in equity「コモン・ローおよび衡平法における救済方法」

---

be entitled to ～：
～する権利を与えられる

LICENSOR shall be entitled to seek an equitable relief in the form of specific performance and / or an injunction for any such actual or threatened breach, in addition to the exercise of any other **remedies at law and in equity**.

訳例 ライセンサーは，コモン・ローおよび衡平法上のその他一切の救済方法の行使に加えて，かかる規定の実際の違反もしくは違反のおそれに対する，具体的履行および禁止命令の形で，公正な救済を求める権利を与えられるものとする。

12 推定・法的擬制に関する表現

presume ◆ deem ◆ consider ◆ regard ◆ treat

　presume, deem, consider, regard, treat について説明していきます。特に，presume と deem とを，反証が許されるか否かの点で区別することが重要です。また，consider, regard, treat は，反証があれば覆すことができます。

presume ▶「推定する」　

　反証があれば覆すことができます。この点が，deem との大きな相違点です。

＊be presumed that 〜「〜と推定される」

on an hourly rate basis：時間あたりをベースとして on a commission basis： 手数料ベースで	Advertiser may elect to be charged <u>on either an hourly rate basis or a commission basis</u> in advance. If Advertiser fails to notify Agency of its choice, it shall **be presumed that** Advertiser elected to be charged <u>on an hourly rate basis</u>.

> **訳例** 広告主は，<u>時間あたりをベースとした請求</u>とするか<u>手数料をベースとした請求</u>とするかを，事前に選択することができる。広告主が代理店に対してその選択の通知を怠った場合には，広告主は<u>時間あたりの請求</u>を選択したものと推定される。

deem ▶「みなす」　

　事実が法的に擬制され，反証は認められません。この点が，presume との大きな相違点です。

＊be conclusively deemed to～「最終的に～とみなす」

＊be deemed a waiver of～「～の権利放棄とみなされる」

＊be deemed to be「みなされる」

If the Products pass final inspection and testing by Buyer at Buyer's premises, they shall **be deemed to be** accepted by Buyer.

訳例 本製品が，買主の敷地内での買主による最終検査およびテストに合格した場合には，本製品は買主によって受領されたものとみなされる。

＊All Exhibits shall be deemed to be a part of this Agreement.

「すべての添付書類は，本契約書の一部とみなす」

完全合意の範囲を示す場合に利用可能な言い回しです。

terms and conditions : 契約条件	The terms and conditions set forth in this Attachment **shall be deemed to be a part of the Agreement** for all purposes.

訳例 別紙で定めた契約条件は，すべての目的において本契約の一部とみなされる。

consider ▶「検討する」「熟考する」　★

be considered～「～と考えられる」のように受身の形で契約書の中で使います。反証は可能です。

regard ▶「みなす」　★

「みなす」の意味ですが，deem と異なり，反証は可能です。

treat ▶「みなす」「扱う」　★

上記二つと同様，反証は可能です。

13 期限・期間・頻度を表す表現

terminate と expire ◆時限を表す表現とその緊急性の程度◆ prior to〜◆
simultaneously ◆ subsequently ◆ from time to time ◆ become due ◆ at /
after the time of dispatch ◆ time of the essence ◆ period ◆ throughout
the term of〜◆期限・期間・頻度を表すその他の表現

terminate と expire ▶「(契約の) 解除・終了」「(契約の) 終了」 ★★★

　terminate は，狭義では契約の「解除」を，広義では契約の「終了」を意味します。後者の契約の「終了」は，「有効期間満了による契約の終了」を含みます。他方，expire は「有効期間満了による契約の終了」を意味し，そこには契約の「解除」は含まれません。

＊terminate「(狭義で契約の) 解除」「(広義で契約の) 終了 (有効期間満了による契約の終了を含む)」

＊right to terminate「解除権」

breach：違反する
non-breaching Party：
無違反当事者
breaching Party：
違反当事者
provided, however,
that：
ただし〜とする
with the same force：
従前と同じ効力

If either Party breaches any provision of this Agreement, the non-breaching Party shall have the **right to terminate** this Agreement by serving on such breaching Party sixty (60) days written notice specifying such breach; provided, however, that if such breach is cured during the period of such notice, this Agreement shall continue with the same force as if such notice had not been given.

訳例 一方当事者が本契約の条項に違反した場合，無違反当事者は，違反当事者に対し，違反を明記した60日前の書面による通知を行うことにより，本契約を解除する権利を有する。ただし，当該違反が当該通知の期間内に是正された場合には，本契約は，上記の通知が行われなかったものとして従前と同じ効力を有し，存続するものとする。

＊commencement「開始」

＊expire「（有効期間満了による）契約の終了」

＊automatic termination「自動終了」

＊automatically expire and terminate「自動的に満了し，終了する」

| unless sooner
terminated：早期に
解除されない限り
pursuant to ～：
～に従い | This Agreement shall **automatically expire and terminate** on the last day of the Term, unless sooner terminated pursuant to the relevant provisions of this Agreement. |

訳例 本契約は，その関連条項に従い早期に解除されない限り，契約期間の最終日に自動的に満了し，終了するものとする。

時限を表す表現とその緊急性の程度

　時限を表す表現は多くありますが，それぞれが訴える緊急性の程度は異なります。これは債務の履行遅滞か否かに関係してきます。緊急性の高い順に並べると次のようになります。契約書では，このような表現がよく出てきますが，たとえば，「程なく」とは具体的に何日以内なのかで争いになることがありますので，可能であれば，具体的な日数を記載するようにしてください。

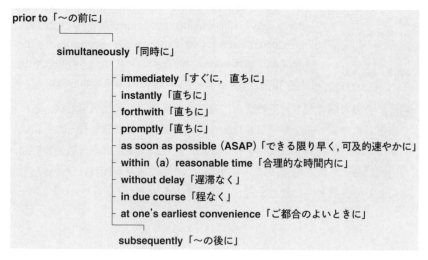

prior to「〜の前に」

　　　simultaneously「同時に」

　　　　　　immediately「すぐに，直ちに」
　　　　　　instantly「直ちに」
　　　　　　forthwith「直ちに」
　　　　　　promptly「直ちに」
　　　　　　as soon as possible（ASAP）「できる限り早く，可及的速やかに」
　　　　　　within（a）reasonable time「合理的な時間内に」
　　　　　　without delay「遅滞なく」
　　　　　　in due course「程なく」
　　　　　　at one's earliest convenience「ご都合のよいときに」

　　　subsequently「〜の後に」

Details related to employee retirement programs will be announced **in due course**.

> **訳例** 従業員退職プログラムの詳細は，程なく発表される。

If the foregoing is acceptable, please sign and return one copy to the undersigned **at your earliest convenience**.

> **訳例** 上記を受諾できる場合は，署名をし，ご都合のよいときに下名へ一部を返送してください。

prior to〜 ▶「〜の前に」

Confidential Information does not include information which is generally available to the public **prior to** its disclosure;

> **訳例** 秘密情報には，開示前に一般に公知になっている情報を含まない。

simultaneously ▶「同時に」

The delivery of the shares shall take place **simultaneously** with the execution of this Agreement.

> **訳例** 株式の引渡は，本契約の締結と同時に発生するものとする。

subsequently ▶「〜の後に」

The receipt or acceptance by Licensor of any License Fee report or payment will not prevent Licensor from **subsequently** challenging the validity or accuracy of the report or payment.

from time to time ▶「随時，時々」　★★

upon the request of
〜：
〜の要求に応じて

Licensee shall, upon the request of Licensor, indicate, on
each Licensed Product, by means of a tag, label, imprint,
or other appropriate device, such trademark, service
mark or copyright notices as Licensor may **from time to
time** designate.

訳例 ライセンシーは，ライセンサーの要求に応じ直ちに，各許諾製品に，
タグ，ラベル，刻印，またはその他の適切な手段を用いて，ライセンサー
が随時に指示するとおりに，商標，サービスマークまたは著作権の表示
を行うものとする。

become due ▶「弁済期が到来する」　★★★

＊become immediately due and payable「直ちに支払期限となる」
　Acceleration Clause「期限の利益喪失」の条項で使われる表現です。
＊acceleration「期限の利益の喪失」

insolvent：
破産した

Acceleration
Any payment obligations that the party owes the other
party shall **become immediately due and payable** if
either of the parties has become insolvent or become
unable to pay any debts.

> **訳例** 期限の利益喪失
>
> 一方当事者が他方当事者に対して負う支払義務は，当事者のいずれかが破産したか，債務を支払うことが不可能になった場合には，直ちに支払期限となるものとする。

at / after the time of dispatch ▶「発信時に」「発信後に」 ★

＊at the agreed time of dispatch「合意された出荷時に」

| be held liable for：
責任を負う | In case Buyer has any delay in payment, Seller shall not be held liable for any default liabilities for the failure to deliver Products **at the agreed time**. |

> **訳例** 買主が支払を遅滞した場合，売主は，合意された時までに製品を引き渡さなかったことから生ずる，いかなる責任をも負わないものとする。

time of the essence ▶「期限は必須要件である」 ★★★

文例は，後述の一般条項の中で見ることができます。また，〜of the essence という表現については，「場合を限定する表現」の章でも説明しています。

period ▶「期間」 ★★★

＊for [＿＿] -day / month / year period「[＿＿] 日間, [＿＿] 月間, [＿＿] 年間」

たとえば，for thirty (30) -day period のように表記します。数字と day / month / year をハイフンで結ぶ場合，days, months, years のように複数形にする必要はありません。submit a 30-day move out notice「30日前の退去通知を提出する」も同様の例です。他方，a period of thirty (30) days のような表記にすることもあります。この場合は days は複数形です。

＊within a period of ＿＿ days from〜「〜から＿日以内に」

throughout the term of〜 ▶「（本契約）の有効期間中」

Company X may conduct testing of the Products **throughout the term of** this Agreement.

訳例 本契約の有効期間中，X 社は製品の検査を行うことができる。

期限・期間・頻度を表すその他の表現

＊at least once in every calendar year「各暦年に少なくとも一度」
頻度を表す表現です。

from time to time：
随時
The royalty shall be assessed and adjusted from time to time, and **at least once in each calendar year**.

訳例 ロイヤリティは，随時，および各暦年に少なくとも一度，査定および調整されるものとする。

＊every ___ months「〜か月ごとに」
これも頻度を表す表現です。

The estate management fee shall be paid to the Landlord **every three months**.

訳例 不動産管理費は，家主へ 3 か月ごとに支払われるものとする。

＊in perpetuity「永久に」

irrevocable： 取消不能な exclusive：独占的な	Author hereby grants to Producer the sole, <u>irrevocable</u> and <u>exclusive</u> option to acquire from Author, **in perpetuity** throughout the world and in any and all languages, all the rights in and to the Property.

訳例 原作者は製作者に対して，**永久に**，全世界において，あらゆる言語で，本件財産権にかかるすべての権利を原作者から取得する，唯一の，<u>取消不能な</u>，<u>独占的な</u>オプションを付与する。

＊renewed automatically「自動的に延長される」

shall be effective： 有効となる	This Agreement <u>shall be effective</u> for a period of twelve (12) months from the Effective Date. This Agreement may be **renewed automatically** for another year unless either Party objects to such renewal by informing the other Party in writing at least sixty (60) days before expiration of this Agreement.

訳例 本契約は発効日から12か月の期間<u>有効となる</u>。本契約は期間満了前60日前までに一方当事者が他方当事者に対して書面で異議を述べない限り，さらに１年間**自動的に更新される**。

＊or sooner if so requested
「もしくは，それ以前に当該要求があった場合には」

immediately： 直ちに in whatever medium：いかなる 媒体形式かを問わず	Upon the termination of discussions for the Transaction, **or sooner if so requested**, ABC shall <u>immediately</u> return to XYZ or destroy all Confidential Information, including copies of the same, <u>in whatever medium</u>.

訳例 取引の交渉が打ち切られた場合，もしくは，それ以前に当該要求があった場合には，ABC は，複製物を含むすべての秘密情報を，<u>いかなる媒体形式かを問わず</u>，<u>直ちに</u>，XYZ へ返却するか，もしくは廃棄する。

＊sell-off「契約終了後の販売猶予期間」

　売買契約で使われる表現です。

＊holdback period「ホールドバック期間」

　映画化権オプション契約（海外の映画製作者が日本の権利者／原作者から文芸作品の映画化権を取得するためのオプション契約）で使われる用語です。映画に関する特定の権利が行使できない期間を指します。

＊at the time of such amendment「変更時における」

＊as soon as may be practicable「実務上可及的速やかに」

　では，一般条項における「期限・期間・頻度を表す表現」を見てみましょう。Time of the Essence「時間厳守」の条項です。

　契約の履行期が重要な意味を持つ契約では，その期限に履行がされなければ，重大な違反とし，解除や損害賠償の手続に進むことができます。契約の性質上または当事者の意思表示により，期間内に履行しなければ契約の目的を達することができない場合（「定期行為」）などには，具体的期日と，この規定を契約の中に入れておくことが大切です。

【一般条項の中の基本表現】Time is of the Essence　時間厳守

(Time is of the Essence)時間厳守

waiver：権利放棄

Time shall be **of the essence** of this Agreement and of every part hereof and no extension or variation of this Agreement shall operate as a <u>waiver</u> of this provision.

訳 期限は本契約および本契約のすべての部分において**必須条件**であり，本契約のいかなる猶予期間または変更も，本条項の<u>権利放棄</u>とはならないものとする。

14 契約の解除事由に関する表現

契約の解除事由に関するさまざまな表現

契約の解除事由に関するさまざまな表現

　期間満了前の解除を定めた条項には，さまざまな解除事由が挙げられていることが多いです。

＊attachment, provisional attachment, provisional disposition, disposition by public sale, disposition for failure to pay taxes
「差押え，仮差押え，仮処分，競売，税金滞納に対する処分」

＊corporate reorganization, bankruptcy or sale by public auction
「会社更生，破産または競売」

＊note or draft is dishonored「約束手形もしくは手形の不渡り」

＊attainment of the purpose of this Agreement becomes impossible
「本契約の目的の達成が不可能になった」

　以下は，解除事由に関する一般条項です。

【一般条項の中の基本表現】さまざまな解除事由　attachment, corporate reorganization など

（Termination）契約解除

provided, however, that： ただし〜とする become subject to 〜：〜に従い	Breaches of this Agreement 1. If either Party breaches any provision of this Agreement, the non-breaching Party shall have the right to terminate this Agreement by serving on such breaching Party sixty (60) days written notice specifying such breach; provided, however, that if such breach is cured during the period of such notice, this Agreement shall continue with the same force as if such notice had not been given.

2. Occurrence of Certain Facts

If any of the following occurs on either Party, the other Party may forthwith terminate this Agreement, by serving on such Party written notice thereof:

(ⅰ) The property of either Party becomes subject to **attachment, provisional attachment, provisional disposition, disposition by public sale, disposition for failure to pay taxes** or any other similar disposition by a public authority;

(ⅱ) Either Party files a petition or has a petition filed against it by any person for **corporate reorganization, bankruptcy or sale by public auction** or similar procedure;

(ⅲ) Any **note or draft** issued by either Party **is dishonored**, or either Party otherwise becomes unable to make payments for its obligations;

(ⅳ) Serious change occurs in the assets, financial condition or business of either Party, and the **attainment of the purpose of this Agreement** thereby **becomes impossible**; or

(ⅴ) Merger, partition of business, or some other fundamental change of business structure occurs to either Party, as a result of which the continuation of this Agreement is rendered highly impracticable.

訳 本契約違反

1 　一方当事者が本契約の条項に違反した場合，無違反当事者は，違反当事者に対し，違反を明記した60日前の書面による通知を行うことにより，本契約を解除する権利を有する。ただし，当該違反が当該通知の期間内に是正された場合には，本契約は，上記の通知が行われなかったものとして従前と同じ効力を有し，存続するものとする。

2 　特定事実の発生

　　下記のいずれかが一方当事者に発生した場合には，他方当事者は当該

当事者に対し，書面による通知を行うことにより，直ちに本契約を解除することができる。

(i)　一方当事者の資産に対し，**差押え，仮差押え，仮処分，競売，税金滞納に対する処分**または当局によるその他同様の処分が行われた（処分に従うことになった）場合

(ii)　一方当事者が**会社更生，破産または競売もしくは同様の手続による売却を自ら申請する場合**，または第三者が当該当事者に対し申請を行った場合

(iii)　一方当事者が発行した**約束手形もしくは為替手形が不渡り**になるか，または一方当事者が，その債務に対して右以外の理由で支払ができなくなった場合

(iv)　一方当事者の資産，財務状況もしくは事業に重大な変更が生じ，**本契約の目的の達成が不可能になった場合**

(v)　一方当事者に対し，合併，会社分割，またはその他の事業構造に根本的な変更が発生し，その結果，本契約の継続がきわめて実行不可能となった場合

解　説

　契約の終了には，第一に満期終了，第二に契約期間満期の前に解除事由が発生することによる解除が考えられます。契約期間中は，期間満了までは解除できないのが原則です。したがって，あらかじめ契約書に中途解除ができる場合と解除の手続について明確に規定する必要があります。このような期間満了前の解除規定がない場合は，相手方と合意により解除することが必要になり，相手方が合意しない限り解除ができないという事態に陥りかねません。そのような事態に陥らないように，期間満了前の解除規定は，ある程度起こり得る状況を想定して，規定することが望ましいといえます。

　契約書で解除原因に挙げられる事項として，①契約の不履行状況の存続，②倒産等の契約を継続しがたい財務状況の悪化，③支配権の変更などが挙げられます。このほか，契約を締結するにあたり，これだけは譲れないと

いう点があれば，それらを解除事由として挙げておくことが考えられます。なお，解除の方法としては，通知および一定期間の経過を必要とするタイプ（本規定第1項）と，即時に解除できるタイプ（本規定第2項）とがあります。

15 損害の種類を表す表現

damage / damages ◆ indemnify / indemnification

damage / damages ▶「損害」「損害賠償額」 ★★★

damage（単数形）は「損害」を表し，damages（複数形）は「損害賠償額」を表します。英文契約書で規定される損害の種類は，以下のように分類されています。

damage ─

- **punitive**（懲罰的損害）
  （英米法系の国で認められる種類の賠償で，米国では巨額となる場合があります）

- **Actual**（実損害）
  compensatory damages
  （補填的損害賠償額。被害の塡補・補償として十分な額の賠償）

保険用語

| **Direct　直接損害** |

Indirect, Consequential, Loss of Profit
間接損害，結果損害，逸失利益
(Special damage（特別損害）とセットで排除されることが多い）

Incidental
付随損害（受領拒否時の倉庫保管費用など）

法律用語

Ordinary / General
通常損害（通常予見できた損害）

Special　特別損害（通常予見できなかったが，特別事情を知り得たので予見できた損害）

＊direct damages「直接損害」（修理費用，他のソフトウェアやハードウェアへ与えた損害）

＊indirect damages「間接損害」＝ consequential damages「結果損害」＝ consequential damages「派生損害」＝ loss of profit「逸失利益」や loss of revenue「逸失売上」（成果物やサービスが利用できないことにより，期待される収入や利益が得られない場合）

＊incidental damages「付随損害」＝直接損害にも間接損害にも当たらない損害であるが当事者の一方が負担すべき損害（合理的理由のない商品の受け取り拒絶により売主側に発生した倉庫保管料，FOB 出荷遅れにより買主が海上運送からエア搬送へ切り替えた場合の運賃の差額など）

＊general/ordinary damages「**通常損害**」＝通常予見できる損害

＊special damages「**特別損害**」＝通常予見できないが特別な事情を知っていて予見できた損害

　直接損害と間接損害の用語は，元々保険用語であり，直接損害とは，当該危険が近因となって，他の危険の媒介なしに発生した損害をいい，他方，間接損害とは，当該危険が遠因となっていても直接その危険によって発生しなかった損害をいいます。例えばソフトウェアの不具合により発生したハードウェアへの損害は直接損害であり，システムが止まってしまうことにより失った売上や利益（逸失利益）は間接損害です。契約違反時の救済の基本ルールは，無違反当事者は，違反当事者に対して，契約違反＝契約上の義務違反＝債務不履行に基づいて自らに生じた損害の賠償請求権が発生するというものです。民法の契約法のルールで補充されますので，契約書上で規定されているか否かを問いません。

　賠償請求権の「損害」の範囲は，どのようにして決まってくるのでしょうか。その状況に置かれた責任を負う違反当事者が合理的に予見可能な範囲の損害を，すなわち，相当因果関係（法律上の因果関係）が認められる範囲の損害を賠償しなければなりません（この原則的ルールは，日本法だけではなく，欧米や世界各国で認められています）。直接損害に限られるわけではなく，あらゆる種類の損害が賠償の対象になります。合理的に予見可能な範囲の損害について金額の上限なく責任を負うことになります。そこで，損害賠償責任を負う可能性がある当事者は，この責任範囲をできる限り限定しようと試みるのです。

in no event：いかなる場合でも～ない be liable for～：～に対して責任を負う including but not limited to～：含むがこれに限られない	Limitation of Liability In no event shall the liability of Seller for breach of any contractual provision relating to the Goods exceed the purchase price of the Goods quoted herein. In no event shall Seller be liable for any **special, incidental** or **consequential damages** arising out of Buyer's use or sale of the Goods or Seller's breach of any contractual provisions relating to the Goods, including but not limited to any **loss of profits** or production by Buyer.

訳例 責任制限

商品に関する契約条項違反に対する売主の保証は，いかなる場合であれ，本契約で見積もられた商品の購入価格を超えないものとする。売主は，いかなる場合であれ，買主の商品の使用または販売から生じた，または売主の商品に関する契約条項違反から生じた，買主の利益または生産の損失を含む（ただしこれに限定されない），特別，付随的または結果損害に対して責任を負わない。

indemnify / indemnification ▶「補償する」「補償」 ★★★

「責任・保証・免責を表す表現」の章で説明されている warranty は，不具合が発生しないことを「保証」（warrant）するのに対し，indemnify / indemnification は，侵害が起きた場合に後から「補償」することを意味します。

hold harmless：～を免責する at one's direction：～の指示で including, but not limited to：含むがこれに限定されない libel, slander, piracy, plagiarism, invasion of privacy, or infringement of	Agency shall **indemnify** and hold harmless Advertiser against any claims, loss, suit, liability or judgment suffered by Advertiser, including reasonable attorneys' fees and court costs, based upon or related to any item prepared by Agency or at Agency's direction, including, but not limited to, any claim of libel, slander, piracy, plagiarism, invasion of privacy, or infringement of portrait right, copyright or other intellectual property

portrait right,
copyright or other
intellectual
property rights：名
誉毀損，誹謗，剽窃，
模倣，プライバシー
の侵害もしくは肖像
権，著作権等知的財
産権の侵害

rights.

訳例 代理店によってもしくはその指示で制作された項目に基づき，また
はそれに関連して発生した，合理的な弁護士報酬および裁判費用を含む，
広告主が被る，あらゆる請求，損失，訴訟，責任もしくは判決に関して，
代理店は広告主を免責し補償するものとする。これらの請求，損失，訴
訟，責任もしくは判決には，名誉毀損，誹謗，剽窃，模倣，プライバシー
の侵害，または肖像権，著作権もしくはその他の知的財産権の侵害を含
むがこれに限定されない。

では，一般条項における使い方を見てみましょう。まずは，責任の制限につ
いての条項です。

【一般条項の中の基本表現】indirect, incidental, consequential or
special damages　間接的，付随的，結果的または特別損害
loss of profit　逸失利益
punitive damages　懲罰的損害賠償金

(Limitation of Liability)責任の制限 ── 間接損害・懲罰的損害賠償等を排
除する場合

be liable for〜：
〜に対して責任を負
う
including, without
limitation：含むが
これに限られない

Neither party shall be liable for **indirect, incidental,
consequential or special damages**, including,
without limitation, **loss of profits** or **revenues**,
punitive damages, loss of personal property or
claim of the other party.

訳 いずれの当事者も，逸失利益もしくは逸失収入，懲罰的損害賠償金，個
人財産の損失または他方当事者の請求権の喪失を含む（がこれらに限ら
れない）間接的，付随的，派生的または特別損害に対する責任を負わな
いものとする。

次は，回復できない損害を回避するための，remedies「救済措置」に関する
一般条項です。

　あるサービスが独特なもので代替がきかない場合，すなわち，相手方当事者
の知識やスキルに着目して特にその当事者を選んで契約したような場合を考え
ます。このとき，ひとたび債務不履行があると，もはや同内容のサービスを第
三者に頼むことは不可能か著しく困難です（同レベルの知識やスキルを持つ第
三者が見つけられないほど，そのサービスは独特で代替性がないため。）。また，
市場価格が想定しづらいので賠償額の算定もできません。そのため，金銭賠償
という事後の救済措置によっては十分に賠償しきれないことがあります。した
がって，そのような事態が生じる前に，事前の救済措置，すなわち injunctive
relief「（裁判所による）差止命令による救済」措置を講じることは実効性があ
ります。

【一般条項の中の基本表現】irreparable　回復できない

(Remedies) 救済

breach or threatened breach：不履行また は不履行のおそれが ある goodwill：信用，のれ ん，営業権 be entitled to～： ～する権利がある injunctive relief： 差止による救済	The parties agree that the services to be rendered by Company X hereunder are of a unique nature and that in the event of any breach or threatened breach of any provision contained herein, the damage or imminent damage to the goodwill of the Company Y's business will be **irreparable** and extremely difficult to estimate, making any remedy at law or in damages inadequate. Accordingly, the parties agree that the Company Y shall be entitled to injunctive relief against X in the event of any breach or threatened breach of any such provisions by X, in addition to any other relief (including damages) available to the Company Y under this Agreement or under law.

訳 両当事者は，本契約のもと X 社が提供するサービスは唯一独自のもの
であって，本契約の条項違反または違反のおそれがある場合には，Y 社
の信用に対する損害または差し迫った損害は回復できず，（その額を）見
積もることは著しく困難であり，法律上の救済や損害賠償では不十分で

あることに同意する。したがって，両当事者は，X が本契約の債務を履行しない，または履行しないおそれがある場合には，Y 社が X に対し，損害賠償を含む，本契約および法律上可能なその他の救済手段に加えて，(裁判所による)差止命令による救済措置を講ずる権利があることに合意する。

責任制限条項（91頁以下の2種類）と「保証条項」や「免責・補償条項」との関係は，通常，「保証条項」や「免責・補償条項」で負担する損害賠償の責任について，「損害賠償責任制限」条項を適用するという関係になります。ですので，通常は，「保証条項」や「免責・補償条項」が「損害賠償責任制限」条項よりも前の条項に置かれて，「損害賠償責任制限」条項がそれより前に置かれた（「保証条項」を含む）条項を制限する形になっています。ただし，紛争になると，その適用関係が不明確と主張されるリスクもありますので，売主側としては，以下の例のように，「損害賠償責任制限」条項に「保証条項」や「免責・補償条項」も含めて適用されると追記しておくべきでしょう。

---

in lieu of 〜：
〜の代わりに

Subject to Article xx hereof (Limited Liability),
Seller warrants that the Goods shall conform to the
Specifications and be free from defects in materials and
workmanship. THESE WARRANTIES ARE IN LIEU
OF ALL OTHER WARRANTIES.

訳例 売主は，第 xx 条の責任制限の規定を条件として，本商品が仕様書に適合し，かつ通常の使用の下で材料および製造上の欠陥がないことを保証する。本保証は，その他の全ての保証の代わりとなるものである。

---

indemnify, defend
and hold harmless
：免責し，防御し，損
害を与えない
to the extent that 〜
：〜の範囲で

Subject to Article xx hereof (Limited Liability),
Seller shall indemnify, defend and hold harmless Buyer
from any action against Buyer to the extent that the
Products has infringed any intellectual property right.

訳例 第 xx 条の責任制限の規定を条件として，売主は，本製品が知的財

産権を侵害している場合に限り，買主に対して提起された訴訟について，買主を免責し，防御し，損害を与えないものとする。

	「保証（warranty）」条項	「責任制限（limitation of liability）」条項	「免責・補償（indemnity）」条項
一般的な説明	一般に，成果物やサービスに瑕疵（契約不適合）があった場合の提供者の修補責任をさすことが多いが，表明・保証（represent and warrant）の趣旨で①第三者知財侵害のないこと，②その他第三者請求権のないことを規定させる場合もある。	保証責任を含む，損害に対する賠償責任の範囲（損害の種類や上限金額）を限定する趣旨の規定。	第三者から請求権を行使された当事者に対して責任当事者がその損害を免責・補償する趣旨の規定。
規定上のバリエーション	責任制限（limitation of liability）」の規定も同じ条項で設けられることが多い。	いわゆる損害賠償の予約（違約金）（liquidated damages）の規定も，実質的に責任の上限の趣旨で同じ条項に規定されることが多い。	第三者の知的財産侵害時の免責規定を一般免責規定とは別途設ける場合が多い（責任制限の有無で区別するためか）。
実務上の留意点	提供者側は，常に「契約書上に規定する保証以外は一切認めない」趣旨の「保証の排除（disclaimer of warranty）」を明記する。そうしないと準拠法に基づく保証義務が適用されるリスクがある。	損害の種類や上限金額を制限する場合には，保証条項や免責・補償条項にも適用されるのか，されないのかを明記しておく必要がある（後付けで追加された規定がある場合に，不明確な場合も多いので注意を要する）。	免責者側，被免責者側，いずれも免責・補償に課された「条件」に注意する。「条件」が満たされた範囲でしか効力を持たない「停止条件」である場合が多い。

at one's expense / at one's cost / at one's account ◆ at（with）no（additional）charge / on non-chargeable basis ◆ out-of-pocket expenses

at one's expense / at one's cost / at one's account
▶「その当事者の費用負担で」

いずれも「その当事者の費用負担で」という意味です。at one's own cost and one's responsibility のように，responsibility「責任」とセットで規定されることも多いです。責任については，「責任・保証に関する表現」の章で，別途説明しています。

なお，費用負担に関する表現ではありませんが，at one's 〜 を使う表現に，
＊at one's own risk「自己のリスクにおいて，危険を自己負担して」
という表現もあります。

では費用負担に関する表現を見ていきます。
＊at one's expense
＊at one's cost and expense ⎫
＊at one's own cost and expense ⎬「〜の費用負担で」
＊at one's own cost and expense and one's responsibility
　「〜の費用負担および責任で」
＊at the sole expense of〜 「〜単独の費用負担で」

written consent in advance：事前の書面による同意	The translation of the said work shall be made accurately with only such slight modifications as may be necessary to achieve a competent translation, and **at the sole expense of** the Publisher, and abbreviations or alterations in the text thereof shall be made only with the written consent in advance of the Proprietor.

訳例 上記著作物の翻訳は正確に行われなければならず，修正は十分な翻訳のために必要な最小限の変更にとどめ，出版者の**単独の費用負担**において行われるものとし，本文の短縮または修正は，権利者の事前の書面による同意がある場合のみ行われるものとする。

at（with）no（additional）charge / on non-chargeable basis ▶「無償で」 ★★★

＊at no additional charge「追加費用なしで」

subject to the terms and conditions of this Agreement：本契約の条件に従って non-exclusive, non-transferable license：非独占的・譲渡不能のライセンス solely for 〜：〜するためにのみ	Subject to the terms and conditions of this Agreement, ABC grants Distributor, **at no additional charge**, a non-exclusive, non-transferable license in Territory to use the Marks, during the term of this Agreement, solely for marketing Products, subject to instructions by ABC.

訳例 本契約の条件に従って，ABC は，ABC の指示に従い，製品をマーケティングするためにのみ，本契約期間中，販売地域内で商標を使用する非独占的・譲渡不能のライセンスを，追加の費用なく，販売店に付与する。

ABC shall furnish the technical supports necessary for XYZ **on non-chargeable basis**.

> **訳例** ABC は XYZ に対して必要な技術サポートを無償で提供するものとする。

out-of-pocket expenses ▶「経費」「自己負担費用」　★

associated with ～： ～に関連する be borne by ～： ～が負担する	Unless ABC otherwise agrees in writing, all **out-of-pocket expenses** associated with the attendance at any training courses shall be borne by Distributor.

> **訳例** ABC が書面で同意しない限り，教育訓練講座への出席に関連するすべての**自己負担費用**は，販売店が負担するものとする。

とくにアメリカや民間の訴訟弁護士が少ないインドなどで訴訟が想定される場合には，弁護士報酬が一般的に高額ですので（和解金や判決額を上回ることも多い），次のように，敗訴者が相手方の合理的な弁護士費用を負担する規定が設けられることが多くなっています。

【一般条項の中の基本表現】

（Attorney Fees）弁護士報酬の負担

in the event that ～：～の場合 with regard to～： ～に関して prevailing party： 勝訴当事者 be entitled to～： ～できる	In the event that a litigation between the parties with regard to this Agreement is brought before court, the prevailing party is entitled to recover costs of the litigation and its attorneys' fees and costs from the non-prevailing party.

> **訳** 本契約に関し，両当事者間で裁判所に訴訟が提起された場合，勝訴当事者は，敗訴当事者より訴訟費用および弁護士費用を請求する権利を有する。

17 請求・支払に関する表現

charge ▶ （名）:「料金」（動）:「請求する，担保に供する」 ★★★

名詞の charge については，「費用負担に関する表現」の章において説明しています。ここでは動詞の使い方をみていきます。

＊charged「請求される，チャージされる」

Client agrees to pay Attorney for the agreed limited services at an hourly rate. The current hourly fee to be **charged** by Attorney or the Law Firm for services under this Agreement is as follows：

ⅰ. Partner：$800（＊金額は一例です。）

ⅱ. Associate：$500

ⅲ. Paralegal：$300

ⅳ. Law Clerk：$200

訳例 クライアントは，弁護士に対し，合意され画定されたサービスにつき時間あたりの金額を支払うことに同意する。本契約のもとで，弁護士もしくは法律事務所から**請求される**時間あたりの現行料金は次のとおりである。

ⅰ. パートナー：$800

ⅱ. アソシエイト：$500

ⅲ. パラリーガル：$300

ⅳ. ロー・クラーク：$200

invoice 〜 for 〜 ▶「〜に〜を請求する」 ★★

freight：運送
incurred by 〜：
〜が負担した

If Buyer has previously paid Seller the price for Products that are later rejected by Buyer, Buyer may **invoice** Seller **for** the price of such Products thus rejected and for the freight, handling and other expenses incurred by Buyer in connection with the rejected Products.

訳例 買主が売主に本製品の対価を支払済みであるが，後日，当該製品を受領拒絶した場合には，買主は売主に対して，受領拒絶した当該製品の価格，および当該製品に関連して買主が負担した 運送費用，取扱費用，その他の費用を請求することができる。

outstanding ▶「未払の」 ★★★

outstanding は支払がいまだなされていない状態を表します。

なお，請求・支払に関する表現ではありませんが，outstanding には，株式が「発行済みの」という意味もあり，outstanding shares「発行済み株式」のように使います。

＊whole outstanding amount「未払金全額」
＊interest on the outstanding principal balance「未払元本にかかる利息」

Interest on the outstanding principal balance under the advances shall accrue at the loan rate in effect.

訳例 借入れの未払元本にかかる利息は，有効なローン金利で課される。

deferred ▶「据え置きの，支払が猶予された」 ★

＊deferred payment「延べ払い」
＊deferred interest「遅延利息」

payable at sight ▶ （手形などの）「一覧払い」 ★★

unless otherwise
agreed in writing：
別途書面にて合意す
る場合を除き
without recourse
against 〜：〜に対
して非遡求の（償還
義務を負わない）
drawn：
振り出された
letter of credit：
信用状
in favor of 〜：
〜を受益者として

Unless otherwise agreed in writing, payment by Buyer to Seller shall be made in Japanese Yen by a documentary bill of exchange, without recourse against Seller and **payable at sight**, drawn under an irrevocable, confirmed, unrestricted letter of credit, to be issued in favor of Seller by a first-class bank, which shall have such validity as designated by Seller.

訳例 別途書面にて合意する場合を除き，買主の売主に対する支払は，一流銀行が売主を受益者として発行した，撤回不能，確認済み，および無条件の信用状に基づき振り出された，売主に対して非遡求の（償還義務を負わない）一覧払い荷為替手形により日本円にて行われる。当該信用状は，売主により指定された有効期間を有するものとする。

due and payable ▶「支払期日が到来している」 ★★★

＊become immediately due and payable「直ちに支払期限となる」

　この表現については，「期限・期間・頻度を表す表現」の章で，immediately に着目した分類をし，Acceleration Clause「期限の利益喪失条項」の文例を提示しています。

in a lump sum / in one lump sum ▶「一括で」 ★★

＊pay〜 in one lump sum「〜を一括で支払う」

This amount shall be **paid in one lump sum** within ten (10) days of the Effective Date.

訳例 かかる額は，契約発効日から10日以内に，一括で支払われることとする。

Borrower will repay the entire amount of this note **in one lump sum** on the 1st day of December, 2014.

訳例 借主は，2014年12月１日に元本金額を一括で返済する。

in installments ▶「分割の」 ★★

in installments は多くの場合，「分割支払」を指しますが，それに限られません。たとえば下記文例は「請求・支払に関する表現」の文例ではなく，in installments が船積みの分割を意味しています。

＊in（by）monthly installments「月賦で」

＊in（by）yearly installments「年賦で」

＊equal uninterrupted monthly installment「毎月の均等弁済」

be regarded as ～：
～とみなされる

In case of shipment or delivery **in installments**, each shipment or delivery shall <u>be regarded as</u> a separate and independent contract.

訳例 分割船積みあるいは引渡しの場合は，各船積みまたは引渡しは，それぞれ独立した契約として<u>みなされる</u>ものとする。

〈解説〉上記では delivery in installments という表現を使っていますが，分割船積みを表す場合は partial shipment と表現することもできます。

royalty ▶「ロイヤリティ」 ★★★

＊running royalty「継続的使用料，経常実施料」

＊one-time royalty「１回限りのロイヤリティ」

in consideration of
～：～の対価として

In consideration of the license granted under this Agreement, Licensee shall, within thirty (30) days after the Effective Date, pay to Licensor a **one-time royalty** of Ten Thousand United States Dollars（US$10,000.00）.

訳例 本契約に基づいて付与された使用許諾の対価として，ライセンシーは，ライセンサーに対して，１回限りのロイヤリティとして，10,000.00米ドルを契約発効日から30日以内に支払うものとする。

＊royalty-free, non-sublicensable, and non-exclusive license
「ロイヤリティ負担のない，サブライセンス不可で非独占的なライセンス」

XYZ shall grant to ABC a **royalty-free, non-exclusive license** under XYZ's patents and know-how to utilize in the Territory during the term of this Agreement, said modifications, improvements and/or developments made or acquired by XYZ on ABC Patent.

訳例 XYZ は ABC に対し，ABC 特許に関して XYZ が行ったかまたは取得した修正，改良および開発を，本契約期間中，販売区域において利用できるように，XYZ の特許およびノウハウに関するロイヤリティ負担のない非独占的な権利とライセンスを許諾する。

＊non-refundable royalty provision「ロイヤリティ（対価）の返金不可規定」

All payments received by Licensor under this Agreement, shall be **non-refundable**.

訳例 ライセンサーが本契約に基づいて受領したすべての支払金額は，返金不可とする。

at the rate of ___% per annum ▶「年 ___%の利率で」 ★★

remains unpaid and
overdue：
支払われていない
delay penalty：
遅延違約金

In the event the fee of Cloud Computing Service <u>remains unpaid and overdue</u> for a period of 30 days or more, Customer shall, in addition thereto, pay to Provider interests **at the rate of 6% per annum**, or legally permitted rate as a <u>delay penalty</u>.

訳例 クラウド・コンピューティング・サービスの料金が支払日までに<u>支払われず</u>, かつ30日以上支払われなかった場合には, 顧客はプロバイダーに対し, **年 6%** の利率もしくは法的に許容された利率の<u>遅延違約金</u>を追加して支払わなければならない。

have a discount of ___% of（from）the price for products ★
▶「製品の価格から ___%の値引きを受ける」（価格条件）

be entitled to ~ ：
~することができる，
~する権利がある

If Seller delays in delivering the Products to Buyer for more than 14 days after the agreed delivery date, Buyer shall <u>be entitled to</u> **have a discount of** 10 % of the relevant **price for the Products** as damages.

訳例 もし売主の買主に対する本製品の引渡しが, 合意された引渡日より14日以上遅れた場合, 買主は損害賠償として, 関連する本製品の価格の10%の値引きを受けることができる。

金融の専門用語

　請求・支払に必然的に関連して, 金融の専門用語も契約書に現れてくることがあります。

＊wire remittance「電子送金」

＊cleared funds「決済資金」

＊collateral「担保物」

＊debenture「無担保債券」

＊fiduciary「信託」

＊trust「信託」

＊recourse「遡求権，償還請求権」

＊redeemable「償還可能な」

＊TIBOR「東京の銀行間取引金利（タイボー）」Tokyo Inter Bank Offered Rate の略称

＊HIBOR「香港銀行間取引金利（ハイボー）」Hong Kong Inter Bank Offered Rate の略称

＊IFRS「国際財務報告基準」

会計／税務の専門用語

＊book「帳簿」

＊books and records「会計帳簿および記録」

＊foreign currency risk「為替変動リスク」

＊GAAP（= Generally Accepted Accounting Principles）
「一般に公正と認められている会計原則」

＊withholding tax「源泉徴収税，源泉課税」

＊amortize「償却する，減価償却する」

＊recoupment「控除」

　では，一般条項における「即時支払に関する表現」を見てみましょう。まずは Effects of Termination「契約終了の効果」の期限の利益の喪失条項です。

【一般条項の中の基本表現】become due and payable immediately　直ちに支払期限となる

(Effects of Termination) 契約終了の効果

rights or liabilities：
権利または義務

Termination of this Agreement shall not affect any <u>rights or liabilities</u> accrued at the date of termination. Upon termination of this Agreement, all fees then outstanding shall **become due and payable immediately**.

訳　本契約の終了は終了日に成立している<u>権利または義務</u>に影響を及ぼさないものとする。本契約終了時に，すべての未払料金は**即日支払われる**ものとする。

Audit ▶「監査」　　　　　　　　　　　　　　　

records and books
(books and records)：
帳簿および記録
duly authorized representatives of：
正当に権限を与えられた

Audit

Licensee shall keep complete and accurate <u>records and books</u> relating to the payment of royalty. Licensee shall make such <u>records and books</u> available for **audit** by the <u>duly authorized representatives of</u> Licensor subject to reasonable advance notice.

訳例　監査

ライセンシーは，ロイヤリティの支払に関する完全かつ正確な<u>記録および帳簿</u>を保管するものとする。ライセンシーは，ライセンサーより合理的期間の事前通知を受けることを条件に，ライセンサーの<u>正当に授権された</u>代表者が，かかる<u>記録および帳簿</u>を<u>監査</u>できるようにするものとする。

18 従属的な表現

at the request of〜（upon one's request of〜）/ on demand ◆ on the basis of〜（on a 〜 basis）◆ as the case may be ◆ in accordance with〜

　本章では，「他者の行為・意図」や，「目的物の特定の状態」に「従属」する表現を挙げています。

at the request of〜（upon one's request of〜）/ on demand ▶「〜の要求に従い」「〜の求めに応じて」

disclosing party：
開示者
receiving party：
受領者
reasonable means：
合理的な手段

Upon disclosing party's **request**, the receiving party shall provide information relating to its handling status of Confidential Information to the disclosing party in the form determined by the disclosing party including report in writing, and/or any other reasonable means as may be agreed by the parties.

訳例 開示者からの要求に従い，受領者は，書面レポート等を含む開示者により決定される形式，および当事者間で合意するその他の合理的な手段により，受領者による秘密情報の取扱い状況にかかわる情報を提供するものとする。

＊on（the）demand「要求に従って」

borrower：借主
lender：貸主

If the payment of this note is made otherwise than on the agreed payment date, Borrower will pay, **on （the） demand** made by Lender, such additional amount as Lender may certify as necessary to compensate it for any cost or expense incurred by Lender.

弁済が返済期日以外の日になされた場合，借主は，貸主の要求に従って，借主にかかった費用を補償するのに必要であると<u>貸主</u>が証明した追加費用を支払うものとする。

on the basis of〜 （on a 〜 basis）
▶「〜を基準として，〜の条件で」

＊on an as-is basis 「現状のままで」「現状有姿で」

　たとえば下記文例でいえば，製品に小さなキズや汚れがあっても，そのままで貸し出す，借主はその点につき主張をしないことを納得するというものです。

During the term of this Contract, Lessor shall lease the Products to Lessee **on an as-is basis**.

訳例 本契約の有効期間中，貸主は借主に本製品を現状有姿で貸し出すものとする。

＊on a non-commitment basis 「確約されるものではなく」

for the avoidance of doubt：疑義を避けるため規定するが

For the avoidance of doubt, such forecast shall be **on a non-commitment basis** and Company has no obligation to order the Products.

訳例 疑義を避けるため規定するが，当該予測は確約されるものではなく，委託者は，本製品を注文する義務を負わない。

＊case by case basis 「ケース・バイ・ケースで」

in the event that 〜：〜の場合に

In the event that a distributor outside Territory intends to handle the deal in Territory, ABC shall discuss with Distributor to resolve it **case by case basis**.

> **訳例** ディストリビューターが販売地域外の商談を取り扱うことを意図する場合には，ABC は（本契約当事者たる）ディストリビューターと，ケース・バイ・ケースでこれを解決するため協議を行うものとする。

＊on a per shipment basis「出荷単位で」

The purchase price for each Product delivered and accepted shall be invoiced and paid **on a per shipment basis.**

> **訳例** 引き渡され，受領された製品の購入価格は，出荷単位で請求書を発行されて支払われる。

as the case may be ▶「場合に応じて」　★★

by a simple majority
of～：～の単純過半
数により
unanimously：
全会一致により
then shareholders：
その時点の株主
duly authorized
representatives of：
正当に権限を与えら
れた

Each and every resolution shall be decided by a simple majority of the votes cast except that any of the following matters shall be resolved unanimously by all of the then shareholders of the ABC who have actually voted, **as the case may be,** with affirmative votes of the proxies or duly authorized representatives of the shareholders.

> **訳例** 各々の決議は，投票数の単純過半数により決定される。ただし，以下の事項は，実際に投票する ABC のすべてのその時点の株主の全会一致により決議されるか，場合に応じて，株主の代理人もしくは正当に権限を与えられた株主の代表者による全会一致で賛成決議がなされるものとする。

in accordance with ～ ▶「～に従って」

as amended
thereafter：その後
の改訂版を含む

Delivery of Products shall be **in accordance with** FOB New York, Incoterms 2010 <u>as amended thereafter.</u>

訳例 製品の引渡しは，2010年版およびその後の改訂版を含む Incoterms の FOB New York に従うものとする。

〈解説〉2020年に Incoterms が改訂され2020が発効しています。上記文例は，製品の引渡条件を Incoterms 2020で規定するものです。Incoterms では所有権の移転時期を決めていないので別途合意する必要があります。なお，Incoterms 2020の詳細は，「貿易に関する表現」の章で，別途説明しています。

19 目的を表す表現

for the purpose of (that) ～◆ so that～

for the purpose of (that) ～ ▶「～を目的として」

＊for internal evaluation purpose only「評価の目的のためだけに」

Vendor licenses Customer to use a trial copy of Vendor's software program **for internal evaluation purpose only** for a period of 3 months of the date hereof.

訳例 ベンダーは顧客に対して，本契約の締結日から3か月，内部評価の目的のためだけに，ソフトウェア・プログラムの試用のためのコピーの使用を許諾する。

＊only for the purpose that ～「～する目的でのみ」

Lessee shall take a lease on the Products **only for the purpose that** it carries out the Purpose.

訳例 借主は，本目的を遂行する目的でのみ本製品を借り受けるものとする。

| in the event that
〜：〜の場合
protective order：
秘密保持命令 | In the event that Receiving Party becomes legally compelled to disclose any of the Confidential Information, Receiving Party shall provide Disclosing Party with prompt notice **so that** it may seek a protective order. |

訳例 受領者が機密情報の開示を適法に（法に基づいて）強制される場合，開示者が秘密保持命令を（裁判所に）求めることができるように，受領者は開示者へ早急に通知しなければならない。

〈解説〉 訴訟におけるディスカバリー（法廷外で行う関係書類・事実の開示）では，「受領者が機密情報の開示を強制される場合」があります。しかしそれでは当該機密情報の開示者が不利益を被ることになる場合があるので，開示者に通知して，開示者が裁判所に対し秘密保持命令を申し立て訴訟の相手方への開示をできるだけ回避できるようにしてあげなければなりません。

20 根拠・理由を表す表現

reasonable grounds ◆ by virtue of〜◆ for cause ◆ for any reason（cause）
◆ at any time for any reason

reasonable grounds ▶「合理的な根拠」 ★★★

＊on reasonable grounds「合理的な根拠に基づいて」
＊reasonable grounds to believe that〜「〜と信じるにつき合理的な根拠」

| Product Acceptance Test： 製品受領テスト | Company X certifies that it has **reasonable grounds to believe that** it meets all of the requirements of Product Acceptance Test under this Agreement. |

訳例 X 社は，本契約の<u>製品受領テスト</u>のすべての要件を Y 社が満たすと信じるにつき合理的な根拠があることを，ここに証明する。

by virtue of 〜 ▶「〜を根拠として」「〜によって」 ★★

＊by virtue of this agreement / by virtue hereof「本契約を理由として」

This Agreement shall apply to all sales and purchase transactions of the Products to be made between Principal and customers in the Territory, which are materialized **by virtue of** the activities of Agent.

訳例 本契約は，本販売地域における，代理店の活動によって実現した本人と顧客との間の本製品のすべての売買取引に適用されるものとする。

for cause ▶「(正当な) 理由があっての, 理由付きで」

"Termination **for Cause**" includes termination by Company of Employee's employment by reason of Employee's willful dishonesty towards, fraud upon, or deliberate injury or attempted injury to, the Company.

訳例「正当理由の解除」には, 従業員の会社に対する故意の不正行為, 詐欺, 意図的な損害付与, 損害付与の試みを含む。

for any reason (cause) ▶「いかなる理由であれ」

During the term of this Agreement and for two years thereafter, Company shall not encourage or solicit any person who is then an employee or consultant of Vender to leave Vender **for any reason**.

訳例 本契約期間中およびその後の2年間, 会社は, ベンダーの従業員またはコンサルタントである者に対し, いかなる理由であれ退職するように働きかけまたは勧誘してはならないものとする。

at any time for any reason
▶「いつでも, いかなる理由に基づいても」

では，一般条項における「根拠・理由を表す表現」を見てみましょう。
Termination「契約解除」の条項です。

at any time for any reason　いつでも，いかなる理由に基づいても

(Termination)両当事者が自由にいつでも解除できる形の規定

Each Party may terminate this Agreement **at any time for any reason** without compensating damages to be incurred by other Party.

訳 両当事者は，相手方に損害賠償をすることなく，いつでも，いかなる理由に基づいても，本契約を解除することができる。

解　説

　本文例の条項は，準拠法の強行法規（たとえば，代理店保護法のある場合は，「時期」と「理由」について本文例のような自由な解除はできない）によっては，無効とされる場合があるので，当該準拠法ではいかなる規定があるか確認しておくことが必要です。

㉑ 方法を表す表現

in a ～ manner

in a～manner

＊in a professional manner「専門的に」

＊in a professional and workmanlike manner「専門職として適切に」

＊with one's standard manner and procedures「所定の方法および手続に従い」

warrant：保証する in accordance with recognized industry standards：産業界 で認識されたスタン ダードに従って	Company X warrants to Y that the Services will be performed **in a professional and workmanlike manner** in accordance with recognized industry standards.

訳例 X社は，Y社に対して，当該業界で認識されたスタンダードに従っ
て専門職として適切にサービスが実施されることを保証する。

＊in a timely manner「適時に」

If the Service is found technical problems, Company Y shall **in a timely
manner** solve such problems.

訳例 サービスに技術上の問題が発見された場合，Y社は適時にその問題
を解決するものとする。

22 場合を限定する表現

material ◆ in material and workmanship / in material or workmanship ◆ with ～ care ◆ without を使ったさまざまな表現「～することなく」◆ in good faith ◆ bona fide ◆ of the essence ◆ of high quality ◆ reasonably necessary for～

material ▶「重大な」　★★★

　この形容詞は，次に続く名詞（たとえば defect, breach など）の範囲を，「重大な」場合に限定します。その結果，たとえば，単なる breach of duty「義務違反」では認められない契約解除が，material breach of duty「重大な義務違反」があった場合には認められる，といったような法律効果の違いを生み出します。

＊material adverse effect「重大な悪影響」

＊material defect「重大な瑕疵」

＊material obligation「重大な義務」

＊material or essential「重要または本質的な」

＊material breach「重大な違反」

＊material false「重大な虚偽」

> Any use of a license agreement by Distributor which is in violation of the agreed requirements will be considered a **material breach** of this Agreement.
>
> **訳例** 合意要件に違反した販売店による使用許諾契約の使用は，本契約の重大な違反とされる。

＊in all material respects「すべての重要な点において」

enter into：締結する binding：拘束力のある	Before distributing Products to any such third party, Distributor shall <u>enter into</u> a <u>binding</u> written agreement with each such third party which contains terms that are, **in all material respects**, <u>no less restrictive than</u> those

no less restrictive
than：
より制限的な

contained herein.

> **訳例** 当該第三者への製品の頒布前に，販売店は，すべての重要な点で本契約に含まれるもの以上の制限的な条件を含んだ拘束力のある書面契約を，それぞれの第三者と締結しなければならない。

in material and workmanship / in material or workmanship ★★★
▶「材料上または製造上の欠陥」

　こちらの表現でも material「材料または製造の」という単語が使われていますが，これは前述の「重大な」という意味の形容詞の material とはまったく別の意味です。

defect：瑕疵
comply with〜：
〜に一致する，合致
する

Seller warrants to Buyer that the Products have no defect in material or workmanship and comply with the specification as defined by Seller.

> **訳例** 売主は，本製品が材料上または製造上の瑕疵がないことおよび売主が定義する仕様に合致していることを買主へ保証する。

with〜care ▶「〜の注意をもって」 ★★

＊with the care of a good manager / with the due care of a good manager
「善良な管理者の注意をもって」

Company X shall accomplish the Services **with the due care of a good manager**.

> **訳例** X 社は，善良な管理者の注意をもってサービスを実施するものとする。

＊in no case with any less degree than reasonable care
「合理的な注意の程度を下回ってはならない」
＊at least the same degree of care「と同等以上の注意」

but in no event：
ただし〜ない

During the term hereof, Receiving Party shall keep in confidence the Confidential Information, using **at least the same degree of care** as it uses for its own confidential information of a similar nature, but in no event less than reasonable care.

訳例 契約期間中において，受領当事者は，類似の性質を有する自己の秘密情報に払う注意と同等以上の注意（ただし，合理的な注意を下回らない）をもって，秘密情報の秘密を保持するものとする。

without を使ったさまざまな表現「〜することなく」 ★★★

without prior written consent という表現から without を除いた，prior written consent という表現については，「責任・保証を表す表現」の章で，別途説明しています。

＊without first estimating costs「費用の見積もりを最初に提示することなく」
＊without prior written permission「事前の書面による承諾なしに」
＊without one's prior written consent「〜の事前の書面による同意なく」
＊without the prior written consent of the other party
「他当事者の事前の書面による同意なく」
＊without first obtaining the written consent of the other Party
「他方当事者の書面による事前の同意を先に得ないで」

Except as may otherwise be required by law, each Party shall not disclose the provisions of this Agreement to any third party **without first obtaining the written consent of the other Party**.

訳例 法律による別段の要請がある場合，各当事者は，他方当事者の書面
による事前同意を取得しなければ，本契約の規定を第三者へ開示して
はならない。

receiving party：
受領者
reverse engineer,
decompile,
disassemble：
リバースエンジニア
リング，逆コンパイ
ル，逆アセンブル
disclosing party：
開示者

The receiving party shall not reverse engineer,
decompile, disassemble or analyze, **without obtaining
any prior written consent of** the disclosing party,
Confidential Information provided by the disclosing
party to the receiving party under this Agreement.

訳例 受領者は，開示者が本契約に基づき提供した秘密情報（もしあれば）
を，開示者の書面による事前の承諾を得ることなく，リバースエンジニ
アリング，逆コンパイル，逆アセンブルまたは分析をしてはならない。

＊without notice「催告なく」
＊without any notice「何らの通知なく」

be entitled to ～：
～できる
request for the
damages：
損害賠償を請求する

Each Party shall be entitled to terminate this Agreement
and request for the damages **without any notice**, if the
other party falls under one of the followings.

訳例 各当事者は，相手方が以下の各号のいずれかに該当する場合，何ら
の通知なく本契約を終了し，損害賠償を請求できるものとする。

in good faith ▶「誠実に」 ★★★

good faith には，日本法における信義誠実の意味合いがあります。

＊through good faith negotiation「誠実な協議を通じて」

disputes：紛争
arising from or in
connection with
〜：〜に起因もしく
は関連して生じる
by mutual
consultation between
the Parties：
両当事者間で相互の
協議により
as promptly as
possible：できるだ
け速やかに

Any and all <u>disputes</u> <u>arising from or in connection with</u> this Agreement shall be settled <u>by mutual consultation</u> between the Parties **in good faith** <u>as promptly as</u> <u>possible.</u>

訳例 本契約に<u>起因もしくは関連して生じる</u>すべての<u>紛争</u>は，**誠実に**，かつ<u>できるだけ速やかに</u> <u>両当事者間で相互の協議により</u>解決するものとする。

bona fide ▶「善意の」 ★★

ラテン語に由来する表現です。

＊bona fide purchaser「善意の買受人」

＊bona fide third-party「善意の第三者」

この用語は，「当事者および第三者を表す表現」の章でも取り上げています。

of the essence ▶「絶対条件である，重要な要素である」 ★★★

特に，time of the essence「時間厳守」については，「期限・期間・頻度を表す表現」の章で説明しています。

Time shall be **of the essence** of this Agreement.

訳例 期限は本契約および本契約のすべての部分において**重要な要素である**。

of high quality ▶ 「高品質である」

　この表現は具体的に「高品質」とは何かが争いになりますので，仕様書やサンプル等で可能な限り特定するとよいでしょう。

> free of defects：
> 欠陥がない
>
> Developer represents and warrants that the Web Site will be **of high quality** and <u>free of defects</u> in design, material and workmanship.

> **訳例** 開発者は，本ウェブサイトが高品質で設計上，材料上，製造上の<u>欠陥がない</u>ことを表明・保証する。

reasonably necessary for ～ ▶ 「～に合理的に必要な」

> Mortgagor：
> 抵当権設定者
> Mortgagee：
> 抵当権者
> mortgage：抵当権
>
> <u>Mortgagor</u> shall, if requested by <u>Mortgagee</u>, deliver to <u>Mortgagee</u> any and all documents **reasonably necessary for** the preservation or exercise of the <u>Mortgage</u> and any other rights or profits of <u>Mortgagee</u> hereunder.

> **訳例** 抵当権設定者は，抵当権者が請求したときは，本抵当権および本契約に基づく抵当権者のその他の権利もしくは利益の保全または行使に合理的に必要な一切の書類を抵当権者に交付するものとする。

　では，一般条項の中での「限定を表す表現」を見てみましょう。まずは，Termination for Breach「契約違反に基づく解除」の条項です。
　「重大な不履行の場合に解除ができる」とのみ規定している契約書もありますが，何が重大な不履行（material breach）であるかについては，当事者間で議論の余地があります。そこで，あらかじめ可能な限り，細かく規定しておくことが望ましいです。

【一般条項の中の基本表現】material breach　重大な不履行

（Termination for Breach）簡略型・契約違反に基づく解除

Breaching Party：
違反当事者
including but not
limited to～：
～を含むが，これら
に限らない
fail to remedy：
違反を是正しない
written notice：
書面による通知

If either Party（hereinafter referred to as the "Breaching Party"）shall at any time **materially breach** any covenant contained herein, including but not limited to, making a **material false** report or failing to make any royalty payment or report hereunder, and shall fail to remedy any such breach within thirty (30) days after written notice specifying such breach, the non-Breaching Party may, terminate all licenses and rights granted herein to the Breaching Party.

訳　一方当事者（以下「違反当事者」という）が本契約に定める条項につき，いずれかの時点で重大な違反をした場合（重大な点を偽った報告を行った場合，または本契約に基づくロイヤリティの支払もしくは報告を行わなかった場合を含むが，これらに限らない）において，当該違反を明記した書面による通知の後30日以内に当該違反を是正しなかったときには，非違反当事者は，本契約において違反当事者に付与されたすべてのライセンスおよび権利を解除することができる。

23 否定の強調の表現

in no event ◆ under no circumstances

in no event ▶ 「決して～ない」 ★★★

lost profits：
逸失利益
indirect, special,
incidental, punitive
or consequential
damages：間接的損
害，特別損害，付随
的損害，懲罰的損害
もしくは派生的損害

In no event shall either party have any liability to the other for any lost profits or for any indirect, special, incidental, punitive or consequential damages, however caused and whether in contract, tort or under any other theory of liability, whether or not such party has been advised of the possibility of such liability.

訳例 いかなる場合もいずれの当事者も相手方に対して，責任の根拠が，契約，不法行為またはその他の責任に関する理論のいずれであるか，逸失利益または間接的損害，特別損害，付随的損害，懲罰的損害もしくは結果的損害について，当事者が責任の可能性を知っていたか否かにかかわらず，一切責任を負わない。

under no circumstances ▶ 「いかなる状況においても」 ★★

「否定の強調」の意味を表す shall not「決して～ない」については，「基本の表現」の章の助動詞 shall の項目で別途，説明しています。

では，一般条項で文例を見てみましょう。

本規定は，相手方に代理権その他を付与していないことを意味しています。これにより，契約の相手方が代理人やパートナー等であると誤認されて，予定していないリスクや債務を負担することになるのを防ぎます。

【一般条項の中の基本表現】**under no circumstances**　いかなる状況下においても

(No Agency)代理関係のないこと

authority to bind：
拘束する権限

The Distributor is not, and shall not hold itself out as the agent of the Supplier and **under no circumstances** shall the Distributor have <u>authority to bind</u> the Supplier nor hold itself out to any third party as having such authority.

訳 ディストリビューターは，サプライヤーの代理人ではないし，自己をサプライヤーの代理人であるかのように称しない。また，いかなる状況下においても，ディストリビューターは，サプライヤーを<u>拘束する権限</u>を有するものではなく，また自己がかかる権限を有すると第三者に称しないものとする。

24 念のための表現

for the avoidance of doubt ◆ T.B.A. = to be advised / to be agreed ◆
inserted for convenience

for the avoidance of doubt
▶「疑義を避けるため（念のため規定するが）」

in conjunction with	Customer has no right to independently develop
～：～に関連して	interfaces to the Software strictly for its use in
in no way：	conjunction with its use of the Software. **For the**
いかなる形において	**avoidance of doubt**, the parties acknowledge and agree
も～ない	that this Article 2 shall in no way be construed as
	granting Customer any rights.

訳例 本件顧客は，自己の本件ソフトウェアの使用に関連して，その使用に限り，本件ソフトウェアのインターフェースを独立して開発する権利を有しない。疑義を避けるため，両当事者は，本第2条は，いかなる形においても，本件顧客に対して，権利を付与するものではないことを認め，これに合意する。

T.B.A. = to be advised / to be agreed

別表などでまだ合意に至っていない項目について，その部分がブランクになってしまうことを避けるために用いられます。

inserted for convenience ▶「便宜上付されたもの」 ★

見出しの効力についての一般条項で例文を見てみましょう。見出しと契約条項の中身とに齟齬が生じている場合，どのように解釈するかについて，一般条項で次のように定めておきます。

【一般条項の中の基本表現】inserted for convenience　便宜上付されたもの
(Headings) 見出しの効力

headings：見出し

All headings used in this Agreement are **inserted for convenience** only and are not intended to affect the meaning or interpretation of this Agreement or any clause or provision herein.

訳 本契約で使用されるすべての見出しは，便宜上挿入されているにすぎず，本契約または本契約の条項もしくは規定の意味または解釈に影響を及ぼすことは意図されていない。

解　説

　条項の見出しは，時に条文の中身と異なっている場合があります。本規定はそのような場合に，条文の中身を優先するものであり，見出しは便宜上付されているにすぎない旨を確認しているものです。

　類似の表現には次のようなものがあります。

All headings do not constitute any part of this Agreement

　「すべての見出しは，契約のいかなる部分も構成しない。」

All headings shall not affect the interpretation of the respective Articles of this Agreement.

　「すべての見出しは，本契約の各条項の解釈に何ら影響を及ぼさない。」

25 日数・期間・数量を表す表現

期間を表す表現◆ calendar day と business day ◆ minimum / maximum ◆ total amount due ◆ under the age of～◆アルファベットとアラビア数字の併記◆数量の範囲を表す表現◆日付を表す表現

期間を表す表現

① 特定の日付を表す表現

＊on～「～日に」

＊as of～「～日現在」

　This Agreement is made and entered into on this 15th day of July, 2014「本契約は，2014年7月15日付で，……締結される。」のように表記します。

② until / till「～まで」

　その日を含むことを明確にする場合：including（当該日を含む）を追加します。その日を含まないことを明確にする場合：excluding（当該日を除く）を追加します。until（and including）July 15, 2014（2014年7月15日まで（当該日を含む））のように表記します。

③ by / before「～までに」

　by / before（and including）July 15, 2014（2014年7月15日までに（当該日を含む））のように表記します。

④ within「～内に」

in one lump sum：
一括で
：This amount shall be paid in one lump sum within ten (10) days of the Effective Date.

訳例 かかる額は，契約発効日から10日以内に，一括で支払われることとする。

⑤　for a period of〜 / for〜period(s) / for duration of〜 「〜間」

force majeure：　　：　If an event of Force Majeure has continued **for a period**
不可抗力　　　　　：　**of** thirty ⑶ days or longer…

訳例 不可抗力の期間が30日間以上続いた場合には…

⑥　from / after 「〜から」

　この場合も，当該日を含むか，除外するかを明確にする場合は，including や excluding を加えます。ただし，「〜から」については，当該日を含むか否かがあいまいであっても，実際上は問題がないので，including や excluding の使用頻度は高くありません。

This Agreement shall be effective for a period of twelve ⑿ months **from** the Effective Date.

訳例 本契約は発効日から12か月の期間有効となる。

---

calendar day と business day　　★★★

　契約上，ある期間が経過したら解除できると規定した場合，この「期間」とは calendar day（暦日）なのか business day（営業日）なのか，その解釈は曖昧で，もめるところです。特に論点になりそうな場合は，どちらで計算するのか明記しておくとよいでしょう。ただし，business day（営業日）の場合には，どちらの国の business day（営業日）なのか，あるいは英米の bank holiday（日曜日以外で銀行が閉まる日）のように特定の業種に適用される休日があるかなどによって営業日は異なるので，厳密な定義が必要になります。さらに，アメリカの裁判実務では，within ten ⑽ court days（10裁判所営業日以内に）という表現も出てきています。契約書の最初の定義規定で定義しておくとよいでしょう。

最低（最大）数量を画する際に使用する表現です。

＊guaranteed minimum number of orders「最低保証注文数」

＊annual minimum purchase amount「年間最低購入数量」

＊annual minimum sales amount「年間最低販売数量」

＊maximum number of orders「注文数の上限」

For each one year period commencing on the date hereof during this Agreement, Distributor shall sell not less than **Annual Minimum Sales Amount** of Products as set forth below:

(ⅰ) **Annual Minimum Sales Amount** for the first year:

10,000 products（quantity）or \$1,000,000（amount）

訳例 本契約日に始まる本契約期間中の各1年間に，販売店は下記の年間最低販売量以上の製品を販売するものとする。

　(ⅰ)初年度の年間最低販売量：10,000台（数量）または100万米ドル（金額）

＊annual minimum royalty「年間ミニマムロイヤリティ」

Distributor shall pay to ABC the following **annual minimum royalty**.

(ⅰ) Software license : US\$ 1,000,000

(ⅱ) Maintenance Service : US\$ 1,500,000

訳例 販売店は，ABC に対して次の年間ミニマムロイヤリティを支払うものとする。

　(ⅰ)ソフトウェアライセンス：100万米ドル

　(ⅱ)保守サービス：150万米ドル

＊minimum royalty guarantee「ロイヤリティの最低保証料」

Exhibit：別紙

> Licensee agrees to pay Licensor the **Minimum Royalty Guarantee** as specified in Exhibit as a **minimum** guarantee against royalties to be paid during the term of this Agreement.

訳例 ライセンシーは，本契約の有効期間中支払うべきロイヤリティの最低保証料として，別紙に定める最低保証料をライセンサーに支払うことに同意するものとする。

total amount due ▶「合計支払額」

reasonable expenses incurred by～：
～が支払った合理的な費用
issuance date of the invoice：
請求書発行日

> The invoice will indicate the nature of items of the work performed and any reasonable expenses incurred by ABC with appropriate receipts and/or documentation, as well as the **total amount due**. Payment terms are next 60 days after issuance date of the invoice.

訳例 請求書には，請求金額の合計とともに，実施された作業の項目および適切な領収書および文書を添付した上の ABC が支払った合理的な費用を記載する。支払期間は，ABC の請求書発行日から60暦日とする。

under the age of～ ▶「～歳未満の」

文例は，後述の一般条項の中で見ることができます。

アルファベットとアラビア数字の併記

改ざん防止のためアルファベットとアラビア数字を併記することが多いです。その場合，thirty ⑶ や One Hundred Thousand Yen（￥100,000）のように表記します。仮に，アラビア数字とアルファベットとに齟齬があった場合は，一般にアルファベットが優先すると解釈されます。アルファベットは，アラビア数字

と異なり，桁数を誤ったり，ゼロの数を改ざんされるなどの危険が少ないためです。

---

newly issue：
新株を発行する
ordinary share：
普通株式
subscribed for and
issued to〜：〜に引
き受けさせる
divided into〜：
〜に分割されて

At the Closing, ABC shall cause the Company to <u>newly</u> <u>issue an ordinary share of</u> **Three Million** (3,000,000) **US Dollars** <u>subscribed for and issued to</u> XYZ, <u>divided</u> <u>into</u> **Three Thousand** (3,000) <u>ordinary shares</u> of **One Thousand** (1,000) **US Dollars** each.

訳例 クロージングの時点で，ABC 社は，会社に300万米ドルの普通株式の新株発行をさせるものとし，3,000株に分割されて1株単価1,000米ドルである新株の普通株式をすべて XYZ 社に引き受けさせるものとする。

数量の範囲を表す表現

① 「〜を超えて」（その数字を含まない）
＊more than 100 / over 100　100を超えて，それ以上（100は含まない）
② 「〜未満」
＊less than 100　100に満たない（100は含まない）
③ 「〜以上」
＊not less than 100 / 100 or more　100以上（100を含む）
④ 「〜以下」
＊not more than 100 / 100 or less　100以下（100を含む）

---

annual minimum
sales amount：
年間最低販売量

Distributor shall sell Products in **not less than** the annual amount for each twelve (12) months period mentioned in the "<u>Annual Minimum Sales Amount</u>" as defined herein.

訳例 販売店は，本契約で定義された12か月間の年間最低販売量（数量および金額）以上の製品を販売しなければならないものとする。

日付を表す表現 ★★★

2014年7月15日を英語で表記する場合，アメリカでは「月，日，西暦」(July 15, 2014) のように記すことが一般的です。他方，ヨーロッパでは「日，月，西暦」と記すことが多いので，日本人にとっては戸惑うこともあるかもしれません。近年は，入国書類などアメリカでもヨーロッパ型にすることも多くなってきています。いずれにせよ，誤解されないことが最重要ですので，「月」を英単語で July のようにスペルアウトすることが大切です。

では，一般条項の中で，これまで挙げた表現がどのように使われているか見てみましょう。まずは，定義の一般条項です。なお，文中の単語 affiliate については，「会社組織・株式に関連する表現」の章の「親会社・小会社に関する表現」の項目で，別途説明しています。

【一般条項の中の基本表現】more than〜　〜を超える

(Definitions) 定義

affiliate：関係会社
shares or ownership interest：株式または所有割合

In this Agreement, the following words and terms shall have the following meanings, unless context requires otherwise:

"Affiliate" means company or other legal entity which: (a) is controlled by a party to this Agreement; (b) controls a party to this Agreement; or (c) is under common control with a party to this Agreement. For the purpose of this definition, "control" means that **more than** fifty percent (50%) of the shares or ownership interest representing the voting right for the election of directors.

訳 本契約において，下記の単語および用語は，文脈が他の解釈を求めている場合を除いて，下記の意味を有するものとする。

「関係会社」とは，(a)本契約の当事者に支配される，(b)当事者を支配する，または(c)当事者と共通の支配下に置かれる会社またはその他の法的団体を意味する。本定義において，「支配」とは，当該企業または団体の取締役を選任する議決権を有する株式または所有割合の50％超を意味する。

解　説

複数の用語の定義付けをする場合には，第1条を定義の条文として，まとめて定義付けすることが多いです。本文例では，「関連会社」とは何かについて，定義付けしているという設定です。この方法だと定義がリスト化されているので，一種の索引として使うことができるというメリットがあります。

他方，別の方法として，一括した定義の条文は置かずに，契約書文章の中で当該単語が初めて現れた時に，そこで括弧を使って（hereinafter referred to as "〜"）「以下，〜という」のように定義付けするという場合もあります。この方法のメリットは，文脈と切り離さずに意味を説明できるので読み手が意味を取りやすいということにあります。

次は，児童労働の禁止に関する一般条項を見てみましょう。

【一般条項の中の基本表現】under the age of〜　〜歳未満の

(No Child Labor)児童強制労働の禁止

The manufacturer does not employ any person **under the age of** 18 to produce X. The manufacturer does not employ any person **under the age of** 18 to produce Y.

訳 製造者は，X を生産するために，18歳未満の者を雇用しない。製造者は，Y を生産するために，18歳未満の者を雇用しない。

provide / set forth / stipulate / specify / state / define ◆ proprietary right / right / title / interest ◆ clearly and conspicuously labeled ◆ carry and maintain ◆ compromise and settle ◆ disputes and controversies ◆ addition to or modification ◆ made and entered into ◆ null and void ◆ amend, alter, change or modify ◆ defect, malfunction ◆ substantially similar, substantially identical, or the same ◆ appendix / attachment / exhibit / schedule / annex / table ◆ information, documents, data and/or materials

　同義語や類語は，それぞれ単独で使用される場合もありますが，あえて重複して使用するケースもあります。同義語・類語を重複して使う目的は，それらの用語がカバーし得る意味の範囲を最大限に広げ，そこから漏れる事項を少なくしようというものです。漏れがないように，という目的は，「基本の表現」の章で提示している and/or の表現と同じです。また，こうした重複の表現はリズムが良く，契約書としての格式・格調の高さを維持するとされています。

provide / set forth / stipulate / specify / state / define
　▶「(契約書に) 規定する」　

　どの単語も，「(契約書に) 規定する」を意味します。これらを重複させて，stipulated and specified in SOW「仕様書に規定された」のように使われることもあります。

＊set forth herein「本契約に規定されている」
＊set forth in「～に記載されている，定める (定められている)」

> In addition to the terms elsewhere defined in this Agreement, the following terms shall have the meanings **set forth in** this Article 1 for purposes of this Agreement:

訳例 本契約の他の箇所で定義されている用語に加え，本契約において，以下の用語は本契約の本第 1 条に定める意味を有する。

proprietary right「所有権」/ right「権利」/ title「権原」/ interest「利益」 ★★★

なお，上記の title「権原」と authority「権限」は，同音異義語で，日本語の場合，あてる漢字が違うので注意が必要です。

Licensee acknowledges that nothing in this Agreement shall grant Licensee any **right**, **title** or **interest** in or to the license other than granted hereby.

訳例 ライセンシーは本契約のいかなる条項もライセンシーに対し本契約に定める以外のいかなる権利，権原もしくは利益を与えるものではないことを確認する。

clearly and conspicuously labeled ▶「明確かつ顕著な形で」

clearly と conspicuously とを重複させて使います。

including, without limitation：
〜を含むがそれに限られない

For the purpose of this Agreement, "Confidential Information" shall mean technical or business information and data made available by one party to the other party in written, machine recognizable, graphic or sample form including, without limitation, drawings, models and specifications, provided such information is **clearly and conspicuously labeled** "Confidential Information" or other equivalent legend.

訳例 本契約において，「秘密情報」とは，書面であるか，機械で読み取り可能な形であるか，画像であるか，見本であるかを問わず，一方当事者から他方当事者に対し開示された技術もしくは営業に関する情報とデー

タをいい，図面，模型および性能仕様書を含むがそれに限られない。かかる情報・データは明確かつ顕著な形で「秘密情報」もしくは同等の説明書が貼付されている必要がある。

carry and maintain ▶「維持する」 ★★

at one's sole cost and expense：
〜単独の支出で

Vendor shall **carry and maintain**, during the entire term of this Agreement, at Vendor's sole cost and expense, a comprehensive commercial general liability insurance.

訳例 ベンダーは，本契約の全有効期間中，ベンダー単独の支出で，包括的な商業上の一般責任保険を維持するものとする。

compromise and settle ▶「解決する」「歩み寄り和解する」 ★★

次の disputes and controversies の文例の中で，使用されています。

disputes and controversies ▶「紛争および論争」 ★★

The purpose of this Release is to **compromise and settle** the Litigation, any and all other allegations, claim, **disputes and controversies**.

訳例 本件免責契約書の目的は，訴訟，その他のすべての主張，請求，紛争および論争を解決することにある。

addition to or modification ▶「追加または修正」 ★★★

この表現は，「契約の有効性に関する表現」の章において，Entire Agreement「完全合意」の一般条項の中で使用されています。

binding：拘束する

No **addition to or modification** of this Agreement shall be binding on either Party hereto unless reduced to writing and agreed upon by each of the Parties hereto.

> **訳例** 本契約への<u>追加</u>または<u>修正</u>が本契約の当事者を<u>拘束する</u>には，その追加または修正を文書化し，かつ，本契約の両当事者それぞれがそれに同意することを要する。

made and entered into ▶「締結された」 ★★★

with its principal place of business at ～：主たる営業所を ～に有する WITNESSETH： 以下を証する	This Agreement, **made and entered into** this 1st day of September, 2014 by and between ABC <u>with its principal place of business at</u> 100 Good Ave, New York, NY, USA, and XYZ <u>with its principal place of business at</u> 1-2-3 Yama-cho, Kawa-shi, Tokyo, Japan, WITNESSETH：

> **訳例** 本契約は，2014年9月1日付で，<u>主たる営業所を</u>米国ニューヨーク州ニューヨーク市グッド通り100番<u>に有する</u> ABC と，<u>主たる営業所を</u>日本国東京都河市山町1-2-3<u>に有する</u> XYZ との間で<u>締結され</u>，<u>以下を証する</u>。

null and void ▶「無効の」 ★★★

be deemed to～： ～とみなされる remain in force： 有効に存続する in all other respects：他のすべての面において	Should any provision of this Agreement <u>be deemed to</u> contradict the applicable laws or to be unenforceable, such provision shall be deemed **null and void**, but this Agreement shall <u>remain in force</u> <u>in all other respects</u>.

> **訳例** 本契約の条項のうち，適用法に抵触する，または法的拘束力を持た<u>ないとみなされた</u>場合には，当該条項は<u>無効</u>とみなされるが，本契約は他のすべての面においては<u>有効に存続する</u>ものとする。

amend, alter, change or modify ▶「変更する」

Licensee agrees that it will not **amend, alter, change, modify,** dilute or otherwise misuse the Licensed Marks.

訳例 ライセンシーは，許諾商標を変更し，希薄化しもしくはその他の方法で誤用しないものとする。

defect, malfunction ▶「欠陥」「不具合」

　defect と malfunction の違いを説明します。defect は，義務があるのにそれが全うされておらず欠陥がある，という意味です。他方，malfunction は，欠陥を含むすべての不具合，すなわち正常に機能しないという事実・状態を述べています。malfunction の場合は，単に事実を述べているだけですので，誰に責任があるかはまだ分からないのです。

　この点は，「責任・保証に関する表現」の章でも説明しています。

BUYER SHALL INFORM SELLER OF ANY **DEFECT** OR **MALFUNCTION** WITHIN 7 DAYS AFTER THE DELIVERY OF THE PRODUCTS.

訳例 買主は売主に対して**製品欠陥・不具合**がある場合，引き渡し後7日以内に通知しなければならない。

substantially similar, substantially identical, or the same
▶「同一または実質的に同一の」

Licensee agrees that all Licensed Products manufactured and sold by it will be **the same or substantially identical** in quality and appearance to the initial samples approved by Licensor.

訳例 ライセンシーは，ライセンシーが製造し販売したすべての「許諾製品」をライセンサーが承認した最初の見本と同一または実質的に同一の品質および外観を有することに合意する。

appendix / attachment / exhibit / schedule / annex / table ▶「添付書類，別紙」

Client Content means the material provided by Client to be incorporated into the Web Site, as listed on **Exhibit** C.

訳例 本顧客コンテンツとは，本ウェブサイトに搭載される本顧客によっ て提供された素材をいい，別紙Cに記載されている。

information, documents, data and / or materials
▶「情報，文書，データおよび資料」

　一般条項の文例を見てみましょう。秘密保持（Confidential）に関する条項で す。

【一般条項の中の基本表現】information, documents, data and / or materials　情報，文書，データもしくは資料
responsibilities and obligations　責任および義務

(Confidential)秘密保持

solely for the purpose of〜： 〜ためにのみ responsibilities and obligations： 責任および義務 provided however that〜： ただし，〜の場合は	The **information, documents, data and / or materials** provided by one party to the other party shall be utilized by the other party <u>solely for the purpose of</u> performing its <u>responsibilities and obligations</u> under this Agreement, and shall not be disclosed to a third party other than the parties hereto; <u>provided however that</u> such other party may disclose such **information, documents, data and / or materials** to a third party when required by law or judicial or other governmental proceedings to disclose them.

訳例 一方当事者が他方当事者へ提供した情報，文書，データおよび資料 は，他方当事者が本契約に基づく責任および義務を履行するためにのみ 使用することとし，かつ，当該当事者は，かかる情報，文書，データも しくは資料を本契約当事者以外の第三者に対し開示してはならない。た

だし，当該他方当事者は，法律または司法もしくはその他の行政訴訟手続により，当該情報，文書，データ，および資料の開示を要求されたときは，第三者に対し開示することができる。

27 当事者および第三者を表す表現

契約の当事者を表す表現◆第三者を表す表現

契約の当事者を表す表現

＊a party ／ one party「一方当事者」

＊either party ／ each party「各当事者」

＊the opposing party「相手方当事者」

＊such party「当該当事者」

＊the other party「他方当事者」

＊the parties「両当事者」

＊the parties so affected「影響を受けている当事者」

＊relevant party「関係当事者」

＊the disclosing party と the receiving party「秘密の開示者」と「受領者」

＊breaching party と non-breaching party「契約違反当事者」と「契約無違反当事者」

＊partner「パートナー企業」

　IT 業界では，すべての当事者を対等と扱う慣習があり，下請け（Contractor, sub-Contractor）という表現は使用しません。

＊affiliate（s）「関連会社」

　資本関係を問いません。単なる契約関係でも使います。

＊subsidiary「子会社」

　議決権の過半数を保有する資本関係が必須であり，単なる契約関係は含まれません。

＊prevailing party と non-prevailing party「勝訴当事者」と「敗訴当事者」

＊petitioner「申立人」

＊claimant と respondent「仲裁の申立人」と「被申立人」

＊beneficiary「受益者」

＊a third party / third parties「第三者」

＊bona fide third party「善意の第三者」

　この表現は，「場合を限定する表現」の章でも，bona fide「善意の」という表現に注目して取り上げています。

＊a third party who is entrusted with rights to〜

　「〜をすることを委任された第三者，受任者」

breach：
（契約に）違反する

Party shall guarantee that its parent company, its subsidiaries, or **a third party who is entrusted with rights to** perform the duties of Master Agreement does not breach any of the above two provisions.

訳例 当事者は，その親会社，子会社または基本契約等の義務の履行を委任された第三者が，前二号のいずれにも違反していないことを保証するものとする。

＊advocate「唱道者」

＊independent contractor「独立契約者，請負人」

＊silent partner「匿名組合員」

　silent partnership「匿名組合」のメンバーのことです。

＊downstream reseller「下位リセラー，２次販売店」

　リセラー契約，ディストリビューター契約で使われる用語です。second tier reseller や third tier reseller ともいいます。

28 契約の解釈に関する表現

be construed ◆ be interpreted

be construed ▶「解釈される」

＊be construed and interpreted「理解され解釈される」
＊be construed in accordance with～「～に従って解釈される」

> This Agreement shall **be** governed by and **construed in accordance with** the laws of Japan.
>
> **訳例** 本契約は日本法に準拠し，日本法に従って解釈されるものとする。

＊be construed and enforced in accordance with～
　「～に従って解釈され執行される」
＊be governed by and construed according under the laws of～
　「～の法律に準拠しそれに従って解釈される」
＊be governed by and construed under and in accordance with the laws of
　～「～の法律に準拠しそれに従って解釈される」

> This Agreement shall **be construed and enforced in accordance with** the laws of Japan.
>
> **訳例** 本契約は，日本国法に従って解釈され執行される。

＊nothing contained herein shall be construed as granting or implying
「本契約の締結によって，～を付与もしくは意味するものと解釈されてはならない」

Nothing contained herein shall be construed as granting or implying
any transfer of rights to Recipient in any intellectual property relating to the
Information.

訳例 本契約の締結によって，本情報に関する知的財産権の譲渡を，受領
当事者へ付与もしくは意味するものと解釈されてはならない。

be interpreted ▶「解釈される」

be construed と同じ意味で使われます。

29 準拠法に関する表現

　準拠法とは，裁判や仲裁で紛争解決する場合に，契約を解釈するときの基準となる法律をどこの国のものにするかという問題です。契約書が準拠すべき法律がどこの国の法律かを決めるものです。準拠法は契約書上で合意されていなくても裁判地の国際私法（日本では「法の適用に関する通則法」）が当該取引に最も密接な場所の法律を決定して適用してくれますが，契約当事者間で合意することができ，それを契約書上で合意しておけば，裁判所は当事者間の合意した準拠法を尊重してくれます。

準拠法（governing law）に関する表現

＊applicable law 「準拠法」「適用法令」

＊conflict of laws principles 「準拠法を決めるための原則」

　日本では，「法の適用に関する通則法」が，これに該当します。準拠法の規定で，"without reference to its conflicts（choice）of laws principles"「準拠法を決めるための原則によることなく」が追記されることがありますが，これは当事者が合意している準拠法が適用される場合に，通則法（抵触法）を適用されてしまうと取引の成立や履行の場所により当事者が合意した準拠法が適用されなくなる可能性が出てきます。これを防ぐために通則法（抵触法）を除き合意された準拠法が適用される，としています。

＊organized / established and existing under the laws of～
　「～法に準拠して設立され存続する」

　契約書の冒頭で，当事者たる会社に初めて言及するときに使用する表現です。"ABC, a company established and existing under the laws of Japan,"のように使います。

＊duly organized, validly existing and in good standing under the law of～
「～法に基づいてしかるべく組織され，有効に存続している」

この表現も同じ意味です。

＊governed by and construed according under the laws of～
「～の法律に準拠しそれに従って解釈される」

＊governed by and construed under and in accordance with the laws of～
「～の法律に準拠しそれに従って解釈される」

上記二つはどちらも「契約の解釈に関する表現」の章で，construed に着目して分類することもしています。

This Agreement shall be **governed by and construed under and in accordance with the laws of** England, United Kingdom, without regard to its choice of law provisions.

訳例 本契約は，抵触法の規定にかかわらず，英国のイングランドの法律に準拠しそれに従って解釈されるものとする。

〈解説〉 UK（英国）は，アメリカの各州と同様に，イングランド，スコットランド，ウェールズ，北アイルランドの四つの法制度をもっていますので，イングランド（英国）法を準拠法として指定することになります。

紛争（disputes）に関連する表現◆相互協議（mutual agreement）または友好的解決（amicable settlement）を表す表現◆仲裁（arbitration）に関する表現◆ jurisdiction

　国際的な取引の紛争解決の規定として，仲裁条項（Arbitration）または裁判管轄合意条項（Jurisdiction）の規定を選択することになりますが，仲裁事項を選択する場合には両当事者で，最終的解決を仲裁で行うことの合意（つまり，裁判に訴えることはできないとの合意）を行います。具体的には，

"The award of the arbitrators shall be final and binding upon the Parties."

「仲裁人の裁定は最終的であり，両当事者を拘束するものとする。」

とする規定です。これにより，紛争の無用な蒸し返しを避けることができます。

　仲裁のメリットは，第一に，国際執行力を有する点にあります。日本国内の裁判所の出した判決文は承認を得なければ他国では執行力を有しません。これに対して，「外国仲裁判断の承認及び執行に関する条約」（ニューヨーク条約）に加盟している場合（日本も加盟しています），加盟国のいずれかで行われた仲裁判断は，他の加盟国で執行することができるので執行手続が簡素になります。第二のメリットは，非公開であることです。訴訟は公開が原則ですので，訴訟を提起した，ないし提起されたことを隠すことはできません。これに対して，仲裁は，世間に知られることなく紛争処理をすることも可能です。第三のメリットは，訴訟に比べ解決への時間が短いことです。

　これに対して，デメリットは，仲裁人になる人のバックグラウンドもさまざまで，どのような結論が出るかについて，裁判官による裁判より予測が難しいことです。

　裁判管轄と仲裁は，契約当事者間で紛争になった際に解決する方法の選択肢になります。つまり，契約当事者間で紛争になった際に裁判か仲裁のいずれを選択すべきかという二者択一になります。契約書上で裁判を選択すれば仲裁はできませんし，仲裁を選択すれば裁判はできません。お互いに排他的な関係にあります。非公開性と国際的執行力から，紛争解決条項について，仲裁合意を

英文契約書の雛形に含めている日本企業が多数を占めています。

	裁判（訴訟）	仲　裁
判断者	職業裁判官（当事者は選択できない）	仲裁人（当事者は選択できるので，例えばビジネスに精通した仲裁人を選ぶことができる）
公開制	原則として公開	非公開
法的拘束力	あり	確定判決と同じ効力（仲裁法第45条）
国際的執行力	なし（判決の相互保証があるかどうか個別に判断される）	あり（NY条約）
解決期間	三審制で一般に長期化	仲裁人判断は上訴できない（一度の判断で確定する）ので早期に解決が可能
その他	当事者の関係は敵対的	当事者の関係は裁判に比べてより友好的

紛争（disputes）に関連する表現　

＊disputes or controversies「紛争または論争」
　「同義語・類語の重複」の章でも挙げています。
＊adjudicate「判決を下す，裁く」
＊the said court「当該裁判所，前述の裁判所」
＊trial「裁判」

相互協議（mutual agreement）または友好的解決（amicable settlement）を表す表現　

＊upon mutual agreement「相互の協議により」
＊by mutual consultation between～「～間の相互の協議により」
＊amicable settlement「友好的な解決，和解」
＊settle「和解解決する」

＊arbitration「仲裁」

　動詞は，arbitrate「仲裁する」です。

＊be settled by arbitration「仲裁によって解決される」

＊award of the arbitrators「仲裁人による裁定（仲裁判断）」

＊arbitral proceeding「仲裁手続」

＊arbitration hearing「仲裁審理」

＊よく使用される仲裁規則の例

　・The Rules of Arbitration of the International Chamber of Commerce（ICC）
　　「国際商業会議所の仲裁規則」

　・The Rules of Arbitration of the London Court of International Arbitration
　　「ロンドン国際仲裁裁判所規則」

　・The Rules of the American Arbitration Association（AAA）
　　「アメリカ仲裁協会の規則」

　・The Commercial Arbitration Rule of the American Arbitration Association
　　「アメリカ仲裁協会の商事仲裁規則」

　・UNCITRAL Rule「国連国際商取引法委員会規則」

　・Rules of Japan Commercial Arbitration Association
　　「社団法人日本商事仲裁協会（JCAA）規則」

　・Rules of The China International Economic and Trade Arbitration
　　Commission
　　「中国国際経済貿易仲裁委員会規則」

＊仲裁を執り行う場所の例

　・in London, England　英国のロンドンで

　・in New York City, New York, USA
　　アメリカ・ニューヨーク州の NY シティで

　・in San Francisco, California, USA
　　アメリカ・カリフォルニア州のサンフランシスコで

　・in Geneva, Switzerland　スイスのジュネーブで

＊Tokyo District Court「東京地方裁判所」

＊exclusive jurisdiction「専属的裁判管轄」

Both Parties hereto consent to the **exclusive jurisdiction** of the **Tokyo District Court**.

訳例 両当事者は東京地方裁判所を専属管轄裁判所とすることに合意する。

construed：
解釈される

This Agreement will be governed by and construed in accordance with the laws of Ontario and the both Parties hereto consent to the non-**exclusive jurisdiction** of the Ontario courts.

訳例 本契約はオンタリオ法に準拠し，オンタリオ法に従って解釈されるものとし，両当事者は，オンタリオの裁判所を非専属的管轄裁判所とすることに合意する。

＊have the exclusive jurisdiction／submit to the exclusive jurisdiction
「専属的管轄権を有する」

＊court of competent jurisdiction「正当な管轄権を有する裁判所」

次の一般条項は，契約期間の更新は両当事者の協議による旨を定めたものです。

【一般条項の中の基本表現】**upon mutual agreement** 協議により

(Term)協議による更新の規定

This Agreement shall become effective on the Effective Date, and shall continue in full force for three (3) years, unless earlier terminated pursuant to Article 10. However, it may be extended for an additional period of two (2) years **upon mutual agreement** of the Parties.

訳 本契約は，契約発効日に有効となり，10条に基づき中途解約されない限り，3年間有効とする。なお，両当事者の協議により，その後2年間

延長されるものとする。

解　説

　自動更新の契約の場合には，気が付かない間に契約が更新されていることもあります。自動更新はライセンス契約などで空白の期間があってはならない場合には非常に便利ではありますが，料金や運用について見直しを必要とする契約の場合には，自動更新ではなく，両者が合意した場合にのみ更新できるとしておくことが望ましい場合があります。特に料金を支払う側にとっては，見直しを必要とする契約は有効な規定となり得ます。

次は，仲裁の規定です。

【一般条項の中の基本表現】arbitration　仲裁
by mutual consultation between the Parties　相互の協議によって
（Dispute and Arbitration）紛争および仲裁

validity：
契約の有効性
scope：
契約の有効範囲
enforceability：法的
強制力，執行可能性
promptly：
速やかに，早急に

Any and all **disputes** concerning questions of fact or law arising from or in connection with the interpretation, performance, nonperformance or termination of this Agreement including the validity, scope, or enforceability of this Agreement shall be settled **by mutual consultation between the Parties** in good faith as promptly as possible, but if both Parties fail to make an amicable settlement, such disputes shall be settled by arbitration in Tokyo in accordance with the rules of the Japan Commercial **Arbitration** Association. Such **arbitration** shall be conducted in English. The award of the arbitrators shall be final and binding upon the Parties.

訳　本契約の有効性，有効範囲，または強制可能性を含む本契約の解釈，履行，不履行，または解除に起因もしくは関連して生じる事実問題または法的問題に関するすべての紛争は，誠実に，かつできるだけ速やかに両当事者間で相互の話合いをもって解決するものとする。ただし，両当事

者が友好的に解決できない場合には，当該紛争は東京において，JCAA
の規則に従って**仲裁**により解決されるものとする。当該仲裁は，英語で
なされる。仲裁人の裁定は最終的であり，当事者を拘束するものとする。

31 会社組織・株式に関連する表現

資本・株式に関する表現◆株主総会・取締役会に関する表現◆会社関係書類に
関する表現◆会社組織・M&A に関する表現◆親会社・子会社に関する表現

資本・株式に関する表現

＊capital amount「資本金」

＊authorized capital「授権資本」

　基本定款に規定された，新株を発行できる総数および総額を指します。

＊capital reserve amount「資本準備金」

＊capital contribution「出資」

＊common share「普通株式」

＊issued and outstanding

　「（株式などが）発行され，その状態が継続している，発行済みで社外に存する」

＊subscribe newly issued shares「新株を引き受ける」

＊bond「社債」

＊outstanding voting securities「発行済み議決権付有価証券」

＊pre-emptive rights「新株予約権」

＊in proportion to ownership rate / ratio「出資（持ち分）比率に比例して」

　この表現および下記文例は，合弁契約を念頭に置いています。合弁契約については，後述の「会社組織・M＆Aに関する表現」において詳しく説明しています。

existing shareholders： 既存株主 rights of subscribing newly issued shares： 発行される新株を引き受ける権利（新株引受権）	In case any of such <u>existing shareholders</u> does not exercise the <u>rights of subscribing newly issued shares</u> **in proportion to then ownership ratio**, other shareholders may exercise such rights.

　訳例 かかる<u>既存株主</u>が，その時点での株式所有比率に比例して，<u>発行さ</u>

れる新株を引き受ける権利を行使しない場合は，他の株主が当該権利を行使することができる。

株主総会・取締役会に関する表現

＊corporate racketeer「総会屋，ゆすり屋」
＊resolved unanimously「満場一致で議決される」
＊resolution of dividends「配当の決議」

duly authorized representatives of 〜：〜の正当に権限を与えられた代表者	Any of the following matters shall be **resolved unanimously** by all of the then shareholders of the ABC who have actually voted, as the case may be, with affirmative votes of the proxies or duly authorized representatives of the shareholders.

訳例 以下の事項は，実際に投票する ABC のすべての株主の**全会一致により決議される**か，場合に応じて，株主の代理人もしくは正当に権限を与えられた代表者による全会一致で賛成決議がなされるものとする。

会社関係書類に関する表現

＊audited annual financial statements「監査済年次財務諸表」
＊constitutional document「設立書類，重要書類（定款など）」

会社組織・M&A に関する表現

＊company liquidation「会社清算」
＊company reorganization / corporate reorganization「会社更生」
＊consolidation「新設合併」
＊merger「吸収合併」
＊asset transfer / business transfer「事業譲渡」

＊divided into 10,000 ordinary shares「10,000株の普通株式に分割された」

親会社・子会社に関する表現

＊parent company「親会社」

＊subsidiary company「子会社」

　ある会社を，コントロール可能とするために，過半数の株式保有，取締役の過半数を指名している等の条件を定義して，「子会社」とする場合があります。

＊business alliance「業務提携」

＊affiliate「関連会社」

　affiliate については範囲が不明確なので，契約書内で明確に定義しておくことが必要です。たとえば，下記の文例のように定義付けすることができます。この文例は，「日数・期間・数量を表す表現」の章で説明しています。

outstanding voting securities：
発行済み議決権付有価証券

"**Affiliate**" of a Party means any person or entity that, at any time during the term of this Agreement, directly or indirectly controls, is controlled by, or is under common control with such Party, where "control" means ownership of fifty percent (50%) or more of the voting power of the outstanding voting securities.

訳例 当事者の「関連会社」とは，本契約の期間中いつでも，直接または間接的に，当該当事者を支配する個人もしくは団体，当該当事者から支配される個人もしくは団体，または当該当事者との共同支配の下にある個人または団体を意味する。ここで，「支配」とは，議決権のある発行済み有価証券の50%以上の議決権を所有していることを意味する。

　次の一般条項は，契約の譲渡制限についてです。親会社または子会社への譲渡は，例外として認められることを定めています。

(No Assignment) 契約譲渡制限

the other party：
他方当事者
prior written
consent：事前の書
面による同意

Neither party hereto shall assign or transfer this Agreement or any right or interest herein specified unless the other party has given its prior written consent thereto except for its assignment to each **party's subsidiary or its parent company**.

訳 いずれの当事者も，**子会社または親会社**への譲渡を除いて，他方当事者の書面による事前の同意なくして本契約自体または本契約に規定される権利もしくは利益を譲渡ないし移転してはならない。

解　説

　契約譲渡制限の規定は，通常，契約当事者間の信頼関係を維持するため，第三者へ契約上の地位を譲渡されたくない場合などに設定されます。その観点からは，当事者の親会社・子会社への契約譲渡については，例外的に制限がないとする規定が便利です。ただし，親会社・子会社の範囲に幅がある場合には，明確に定義をしておく必要があります。親会社・子会社ではなく，まとめて関連会社（Affiliates）とする場合もありますが，この場合も定義が必要です。

貿易に関する表現

Incoterms（インコタームズ）は，国際貿易条件（international commercial terms）の略称です。

インコタームズは，パリに本部のある国際商業会議所（International Chamber of Commerce：ICC）が規定している貿易の取引条件で，アルファベット3文字（FOB，CIF，CFR，EXW など）でさまざまな貿易条件を出しています。インコタームズは10年毎に改訂されており，最新版は2020年版です。国際商業会議所日本委員会で日英版を出版しているほか，ウェブサイトで抜粋を読むことができます。

2011年1月1日に発効した INCOTERMS 2010 では，従来使用されていた「条件（Terms)」という用語を「規則（Rules)」という用語に置き換えました。また，国内取引にもこれらの規則が適用できると明記されました。従来，4種類13条件だったものが，INCOTERMS 2010 では2種類11規則（条件）へ改定されました。新しい2種類の分類とは「あらゆる輸送形態に適した規則（Rules for Any Mode or Modes of Transport)」および「海上および内陸水路輸送のための規則（Rules for Sea and Inland Waterway Transport)」です。規則（条件）については，従来の DAF，DES，DEQ，DDU の4規則（条件）が廃止され，DEQ の代わりに DAT（Delivered At Terminal ターミナル持込渡し），DAF，DES，DDU の代わりに DAP（Delivered At Place 仕向地持込渡し）が新設されました。広く用いられている FOB，CFR，CIF の引渡し時点については，従来の「本船の欄干通過時点」を改め，「本船甲板渡し条件」とし，搬送途中の物品を譲渡する場合の条件として利用できるように改訂されました。

INCOTERMS 2020では，INCOTERMS 2010 にあった DAT がなくなり，代わって DPU が新設されました。

DPU	Delivered at Place Unloaded [insert named place of destination]	荷卸込持込渡し（指定仕向地を挿入)

＊bill of exchange「為替手形」

＊documentary bill of exchange「荷為替手形」

＊receiving inspection「受領検査」

＊inspection and testing「検査およびテスト」

＊inspection period「検収期間」

＊certificate of insurance「保険証券」

＊comprehensive product liability insurance「包括的な製造物責任保険」

＊comprehensive marine insurance contract「包括的な海上保険契約」

＊C.I.F「仕向港渡し条件」

＊CISG「ウィーン売買条約」

　日本においても2009年8月1日から効力を有することになった国連国際本商品売買契約に関する条約です。

＊delivery terms「引渡条件」

＊draw「（手形を）振り出す」

＊export control「輸出管理」

　米国や日本では，武器や武器転用可能な汎用品について輸出規制が適用されているために，政府への輸出許可などが必要かどうか確認することが必要となります。

＊risk of loss / risk of loss or damage「危険負担」

　危険負担とは，売買契約成立後，その目的物が両当事者の責めに帰さない事由により滅失・毀損した場合に，いずれの当事者がその不利益を負担するかの問題です。

　売買契約の目的物の危険負担について，インコタームズを利用した場合には，そのルールに従い，売主から買主に対して移転することとされます。インコタームズの2010年版（2011年1月1日発効）以降は，船積港での危険負担の移転時期が従来のように本船の欄干通過時ではなく，本商品が本船の船上に置かれた時と変更になっています。

Incoterms 2020：
インコタームズ2020

Unless otherwise agreed in writing, the **risk of loss or damage** to the Goods delivered under the Contract shall pass from Seller to Buyer at the port of shipment under the Contract, in accordance with the provisions of Incoterms 2020.

訳例 別途書面同意がない限り，個別契約に基づき引き渡された本商品の滅失毀損の損害のリスク（危険負担）は，インコタームズ2020の規定に従い，個別契約に基づく船積港において，売主から買主に移転するものとする。

秘密保持条項特有の表現◆ラテン語などの表現◆ IT 契約の用語◆ **currently available (applicable) version** ◆知的財産権に関する用語◆不動産，対抗要件に関連する用語◆債権に関連する用語◆訴訟・裁判に関する用語◆刑法・不法行為法の用語◆試料移管契約の用語◆投資契約書（株主間契約書）の用語

秘密保持条項特有の表現　

＊generally available to the public「一般に公知になっている」

＊become available（known）to the public「公知となった」

＊disclose「開示する」

＊trade secret「トレードシークレット」（企業秘密）

＊protective order「秘密保持命令」

　トレードシークレットが裁判の審理で公開されるのを制限するための裁判所の命令です。

＊examination and study of feasibility / study the feasibility
「実行可能性の検証および検討」，「実行可能性を検証する」

---

disclosing party：
開示当事者
receiving party：
受領当事者

The Disclosing Party agrees to disclose to Receiving Party and Receiving Party agrees to receive certain non-public and confidential proprietary information of Disclosing Party, in order to **study the feasibility** of incorporating Disclosing Party's certain products into Receiving Party's products.

訳例 開示当事者は，自己の保有する未公表の秘密情報を受領当事者に対し以下の目的のために開示し，受領当事者は開示当事者の特定の製品を受領当事者の製品に組み込む実行可能性を検討する目的でこの情報を受領することに合意する。

＊tangible entity such as electronic media in which electrical data is stored
「電子データを格納した電子媒体等の有体物」

＊intangible means「無形的手段で」

disclosing party： 開示当事者 receiving party： 受領当事者 pursuant to〜： 〜に従い including but not limited to： 含むがこれに限定さ れない	For the purpose of this Agreement, "Confidential Information" shall mean the followings: (i) Any information that is disclosed by the party which discloses such information ("Disclosing Party") to the party which receives such information ("Receiving Party") pursuant to this Agreement, which is included in materials (including but not limited to documents or other **tangible entity such as electronic media in which electrical data is stored** and e-mail) clearly indicated as being confidential; or (ii) Any information that is designated as being confidential by the Disclosing Party to the Receiving Party orally or by other **intangible means** than the foregoing (i); ⋮

訳例 本契約において，「秘密情報」とは以下をいう。

(i) 本契約に基づいて情報を開示する者（以下「開示者」という。）からかかる情報を受領する者（以下「受領者」という。）に対して開示された，秘密である旨の表示がなされている資料（書面，**電子データを格納した電子媒体等の有体物**及び電子メールを含むがこれらに限られない。）に含まれる情報，又は

(ii) 開示者が受領者に対して，口頭又はその他前記(i)によらない**無形的手段**で秘密として指定した上で開示した情報を意味する。

⋮

＊employees who need to know「知る必要がある従業員」

The Receiving Party may disclose Confidential Information only to the

Receiving Party's directors, employees, researchers and independent contractors for examination of the Technology ("**Employees**") w**ho need to know** such Confidential Information to the necessary extent possible.

訳例 受領者は，本技術の検討に実質的に関与し，秘密情報を知る必要がある受領者の役員，従業員，研究員及び本技術の検討を委託した委託先（以下「従業員等」という。）に対してのみ，必要な限度において，秘密情報を開示することができるものとする。

＊patents, utility model, design, trademarks, copyrights, trade secrets and other intellectual property rights「特許権，実用新案権，意匠権，商標権，著作権，営業秘密及びその他の知的財産権」

in the event that〜：〜の場合には disclosing party：開示当事者 receiving party：受領当事者 express or implied right：明示であると黙示であるとを問わない権利	In the event the Disclosing Party discloses Confidential Information to the Receiving Party, unless otherwise agreed in writing between the parties hereto, the Disclosing Party does not grant any express or implied right to the Receiving Party to or under **any patents, utility model, design, trademarks, copyrights, trade secrets and other intellectual property rights** (collectively, "Intellectual Property Rights").

訳例 開示者が受領者に秘密情報を開示する場合において，当事者間で書面により契約を締結するのでない限り，開示者は，開示者の秘密情報にかかる特許権，実用新案権，意匠権，商標権，著作権，営業秘密及びその他の知的財産権（以上の権利を併せて以下「知的財産権」という。）に関する権利を，明示であると黙示であるとを問わず，受領者に対して許諾するものではない。

＊option, grant or license「選択権，権利付与あるいは使用許諾」

＊patent, know-how or other intellectual property rights heretofore, now or hereinafter held
「現在もしくは将来保有する特許，ノウハウ，その他の知的財産権」

receiving party： 受領当事者 disclosing party： 開示当事者	Disclosure of the Confidential Information to the Receiving Party hereunder shall not constitute any **option, grant or license** to the Receiving Party under any **patent, know-how or other intellectual property rights heretofore, now or hereinafter** held by Disclosing Party.

訳例 受領当事者に対する秘密情報の開示は，開示当事者が現在もしくは将来保有する特許，ノウハウ，その他の知的財産権に基づく，受領当事者に対する選択権，権利付与あるいは使用許諾を何ら構成するものではない。

受領当事者へ秘密情報を開示したからといって，開示当事者は受領当事者に対して何らかの権利を付与するものではないことを明記する規定です。

＊No Commitment「取引の確約の否認」

obligation： 義務 enter into： 締結する	**No Commitment** It is understood and agreed that the disclosure by Disclosing Party of the Confidential Information hereunder shall not result in any obligation on the part of either party to enter into any further agreement with the other with respect to the subject matter hereof or otherwise.

訳例 取引の確約の否認　受領当事者へ秘密情報を開示したからといって，将来本契約の主題等に関して契約を締結する義務を当事者間に発生させるものではない。

受領当事者へ秘密情報を開示したからといって，当事者間に何らかの取引契約を締結する義務を保証するものではないことを明記する規定です。

＊residuals「残存記憶」

＊unaided memory「助力を受けない記憶」

Unless otherwise agreed： 別段の合意がない限り	Unless otherwise agreed, Company is free to use and disclose Residuals for any purpose without payment of royalties. "**Residuals**" means know-how, ideas, concepts, and techniques in non-tangible form retained in the **unaided memory** of persons who have had access to Confidential Information.

訳例 別段の合意がない限り，当社は，使用料の支払をせずに，目的を問わず残存記憶を自由に使用および開示することができる。「残存記憶」とは，秘密情報にアクセスした人の助力を受けない記憶に保持された，無体的な形式のノウハウ，アイデア，概念，およびテクニックを意味する。

相手方企業の社員の記憶にある秘密情報は，NDA の対象にしないとする規定です。

＊feedback「フィードバック」

unless otherwise agreed： 別段の合意がない限り	Unless otherwise agreed, if Partner provides any **feedback**, ideas, suggestions, or recommendations to Company regarding Company's Confidential Information ("**Feedback**"), Company is free to use such **Feedback** without payment of royalties to Partner.

訳例 別段の合意がない限り，パートナーが会社の秘密情報（以下「フィードバック」）に関して会社にフィードバック，アイデア，提案または推奨を提供した場合，会社はロイヤリティをパートナーに支払うことなく，そのフィードバックを自由に使用することができる。

先方の秘密情報へ会社がフィードバックした場合に，そのフィードバックは相手方企業が自由に使用できる規定です。

＊bona fide「善意の」(事情を知らない)

＊in lieu of 〜「〜の代わりに」

　instead of 〜 と同義です。

＊inter alia「とりわけ, なかんずく」

　among other things と同義です。

＊mutatis mutandis「準用して」

＊pro rata「案分比例により」(according to the applicable rate)

＊pari passu ranking「同順位性」

　他の債務と優劣関係にないことを意味します。pari passu は「足並みを揃え
て」という意味です。

---

unsecured and
unsubordinated：
担保を有さず, かつ
劣後しない

Its payment obligations under the Transaction **rank** at
least **pari passu** with the claims of all other <u>unsecured</u>
<u>and unsubordinated</u> creditors.

訳例 本取引に基づく借主の支払債務は, 借主の<u>担保を有さずかつ劣後し</u>
<u>ない</u>その他債権者すべてに対する債務と少なくとも<u>同等の順位</u>にある。

＊per annum「1年につき」

　yearly と同義です。

＊pro hac vice「その件限りの, 本件に限り」

＊vice versa「逆もまた同様に」

＊WITNESSETH「以下を証する」

　前文に現れるこの用語は, 古語です。

＊force majeure「不可抗力」

＊deliverable「成果物，納入物」

＊decompile「逆コンパイル」

＊disassemble「分解する，逆アセンブルする」

decompile も disassemble もオブジェクトコードをソースコードに変換することです。通常，どちらも契約上で禁止されています。

＊reverse engineer「リバースエンジニア」

ソフトウェアの動作を解析することです。通常，契約上で禁止されています。

＊background intellectual property「バックグラウンド知的財産権」

一方当事者の知的財産権のうち，発効日以前に存在していた，または本契約の期間中にプロジェクトの枠外で考案，発明されたもので，他方当事者のバックグラウンド知的財産権からは独立しているものをいいます。

＊license「ライセンス（使用許諾）」

（特許・コンピュータプログラム，ノウハウなどの）ライセンスに使用されます。

＊sub-license「サブライセンス（再使用許諾）」

licensor → licensee/sub-licensor → sub-licensee というビジネスモデルとなります。

＊subscription「アクセス権」

クラウドサービスの利用契約でアクセス権を購入する場合に使用します。

---

currently available（applicable）version ▶「最新版」

Sales of the Products to Distributor shall be governed by the Supplier's general conditions of sale, the **current applicable version** of which is attached hereto as Exhibit.

訳例 本商品の販売店への販売は，添付の別紙に記載された最新版の商品供給者の販売に関する一般条件に従うものとする。

知的財産権に関する用語

＊infringement「権利侵害」

著作権，特許権，商標権などの侵害についてよく使われます。

＊work made for hire「職務著作」

英米法における本来の概念では，従業員がその職務の範囲内で作成する著作物は，雇用者が著作者とみなされます。日本法においては，著作権法第15条に規定がありますが，業務委託契約やコンサルティング契約における関係では当然には職務著作になるとは限らないため，明示しておくほうが安全です。

> be deemed：
> みなされる
> unless otherwise
> agreed to in writing：
> 書面による別途の合意がない限り
>
> Company agrees that all copyrightable material contained within any work provided to ABC or its clients shall <u>be deemed</u> to be "**works made for hire**", <u>unless otherwise agreed to in writing</u> by the parties.

訳例 会社は，両当事者間の<u>書面による別途の合意がない限り</u>，ABC または ABC の顧客に提供される成果物に含まれるすべての著作物は，「<u>職務著作</u>」と<u>みなされる</u>ことに合意する。

以下は，知的財産権の帰属についての用語です。

＊invention, discovery or improvement made solely by a Party「一方当事者が単独で行った発明，発見，改良技術」

＊patentable inventions「特許対象発明」

＊belong exclusively to「排他的に帰属する」

＊be jointly owned by「共有される」

> 1. Any patentable **invention, discovery or improvement made solely by a Party** shall belong exclusively to such Party.
> 2. Intellectual Property created, developed, discovered or invented jointly by Parties shall **be jointly owned by** Parties.

訳例 1．一方当事者が単独で行った特許対象発明，発見，改良技術は当該当事者に排他的に帰属する。

２．当事者が共同で創作，開発，発見，発明した本知的財産権は，共有とする。

プログラムの開発契約では，成果物の知的財産権の帰属が受託者なのか委託者なのかが常に問題となります。

＊any and all intellectual property rights to the Software「本ソフトウェアに関するすべての知的財産権」

＊conceived or obtained with respect to the Software「本ソフトウェアに関連して着想されまたは取得された」

including but not limited to〜：〜を含むがこれに限られない	The parties agree that Developer will own **any and all intellectual property rights to the Software**, including but not limited to, patents, copyrights or trademarks **conceived or obtained with respect to the Software.**

訳例 両当事者は，受託者が本ソフトウェアに関するすべての知的財産権（本ソフトウェアに関連して着想されまたは取得された特許権，著作権および商標権を含むがこれらに限られない）を有することに合意する。

上の例文は，知的財産権が，受託者に帰属し，委託者に使用許諾されるとしています。

＊except for those intellectual property rights already owned by Developer「受託者が既に保有していた知的財産権を除き」

The parties agree that Company will own all intellectual property rights to the Software, including but not limited to, patents, copyrights or trademarks conceived or obtained with respect to the Software, **except for those intellectual property rights already owned by Developer.**

訳例 両当事者は，受託者が既に保有していた知的財産権を除き，委託者が本ソフトウェアに関するすべての知的財産権（本ソフトウェアに関連して着想されまたは取得された特許権，著作権および商標権を含むがこ

れらに限られない）を有することに合意する。

　上の例文は，受託者が既に保有している知財を除き，委託者に帰属するものとし，受託者が既に保有している知財は，受託者から委託者に使用許諾されるとしています。

不動産，対抗要件に関連する用語

＊chain of title「権原連鎖」
　不動産の転々の所有権移転を証明するための登記の連鎖をいいます。
＊definitive registration「本登記」
＊provisional registration「仮登記」
＊perfect / perfection「対抗要件を具備する／対抗要件具備」
　抵当権について使用されることの多い用語なので，本項目に分類していますが，それに限られません。債権譲渡の場面でも使用されます。
＊encumbrance「抵当権などの法的な妨害，負債，債務，負担」
＊lien「担保権」
　不動産に関する契約のみならず，売買契約などでも使われる用語です。
＊subordinate / subordination「劣後する，下位の／劣後性」
　抵当権（物的保証）の順位について使用されることの多い用語なので，本項目に分類していますが，それに限られません。保証人（人的保証）の有する請求権の順位についても使用されます。

債権に関連する用語

＊secured claims「被担保債権」
＊subrogation「代位，代位弁済」
＊set off「相殺する」
＊suretyship「（保証債務上の）保証責任」

＊jury「陪審制」

＊counterclaim「反対請求」

＊crossclaim「反訴」

＊contingent fee「成功報酬」

　訴訟で勝訴した場合に，その訴訟で得られた額の一定の割合を，報酬として弁護士に支払うというものです。弁護士委任契約書で使われる用語です。

＊enjoin「差し止める，禁止する，命じる」

＊injunction「差止め」

＊preliminary injunction「差止めの仮処分」

＊certificate of qualification「資格証明書」

　契約の当事者が確かに存続する法人であることを示す，法人登記証明書など。

＊preservation proceeding「保全手続」

＊power of attorney「委任状」

＊retain「(弁護士に) 委任する」

＊retainer fees「顧問料」

＊in-house counsel「社内弁護士」

＊outside counsel「社外弁護士」

＊case evaluation report「事件評価書」

　事件の勝訴確率を評価するもので，企業が複数の事務所から相見積もりを取る際に重要な判断基準となります。

＊e-discovery「電子証拠開示」

＊Electronically Stored Information ＝ ESI「電子保存された情報」

　民事訴訟手続の各段階についての基本用語です。

＊complaint「提訴」

＊answer「答弁書」

＊discovery「証拠開示手続」

　時間・コストの3分の1〜2分の1を要する膨大な作業です。

* pre-trial conference「公判前手続」
* trial「公判」
* jury verdict「陪審評決」
* judgment「判決」
* appeal「上訴」

証拠開示手続（Discovery）の用語です。
* questionnaire「質問状」
* request for production of documents「文書提出要求」
* deposition「証言録取」

証拠開示義務の例外を表す語です。
* attorney-client privilege「弁護士秘匿特権」
* work product doctrine「ワークプロダクト・ドクトリン」
* trade secret「企業秘密」

* NBE（Non-Business Entity）「非事業会社」
　利用できそうな特許を買い集めて企業を相手に特許侵害訴訟を提起し高額の賠償金を得る組織を「パテント・トロール（Patent Troll, 特許の怪物）」といいます。非事業会社 NPE（Non-Practicing Entity）とよばれることもあります。主に米ハイテク企業をターゲットにしてきました。

刑法・不法行為法の用語

* assault「暴行」
* coercion「威圧」
* defame「名誉を毀損する」
* extortion「恐喝」
* misappropriating「背任，不正目的使用の」

Material Transfer Agreement（MTA）試料移管契約とは，研究機関や企業の間で研究材料となる物質・試料の移転（貸借，分譲，譲渡など）を行う際に，当該機関や企業の間で締結される契約のことをいいます。物質・試料自体の使用，守秘義務，保証，知的財産の帰属に関する条件のほか，研究成果として得られた成果物の知的財産権の帰属などの条項が定められます。

＊material「試料」

＊supply and use of material「試料の供給と使用条件」

＊biological, chemical and/or hazardous properties
「生物学的，化学的，および／または危険な特性」

＊chemical, physical or structural characteristics or composition of the material「化学的，物理的あるいは構造的特性または組成」

＊extract or other derivative「抽出物または誘導体」

＊one archiving copy「記録保管用」

＊background「背景的情報（予備知識）」

＊experimental use「実験目的使用」

＊as is「現状のまま」

投資契約書（株主間契約書）の用語

投資会社が他の企業に資本参加する場合に締結する株主間契約 ＝Shareholders Agreement に使われるいくつかの重要用語をご紹介します。

＊shareholders agreement「株主間契約書」

＊preemptive rights「先買権」

先買権（さきがいけん）とは，投資契約や株主間契約上規定される M&A における権利の一つです。株式を第三者に売却しようとする場合に，その売却条件と同等の条件で株主間契約の当事者へ買い取る権利を与える条件をいいます。first refusal right ともよばれています。

＊tag along rights「共同売却権」

タグアロング権（Tag Along Right）とは，投資契約や株主間契約において規

定される M&A における権利の一つです。株式の売却時における売却参加権，共同売却請求権を意味しています。これは，ある当事者が保有株式を第三者に譲渡する場合に，別の当事者が自分の保有する株式も一緒に譲渡することを請求できる権利をいいます。

＊drag along rights「一括売却請求権」

　ドラッグ・アロング・ライト（Drag Along Right）とは，対象会社が他社に買収される場合に，一定の要件（例えば，優先株主の総議決権の3分の2以上の承認）を満たした場合，他の株主に対して他社の買収要求に応じるべきことを請求できる権利です。会社の支配権の移転という「買収」を強制する権利であるため，ある意味とても強力な権利です。一括売却請求権の目的の一つは，少数株主に買収に応じさせること（少数株主を drag すること）にあります。

お わ り に

これから何をすべきか
(英文契約書マスターのためのアクションプラン)

　英文契約書の基本表現を一般条項を含めマスターしていただきましたが，次のステップとしては，何をすればよいでしょうか。ズバリ，各種の具体的な英文契約書にあたることになりますが，いきなり複雑な英文契約書へ行ってしまうと混乱してしまいます。そこで，まずは，秘密保持契約書（Non-Disclosure Agreement=NDA），次に，売買基本契約書，ディストリビュータ契約，ソフトウェアライセンス契約書といった順序で，市販の解説書などを勉強するとよいでしょう。拙書にも「英文契約書の基礎と実務」（DHC，2009）などの重要雛形の解説書がありますので，参考にしてください。その後は，みなさんが所属する業界に特有な英文契約書を見ていきましょう。基礎をきちんと勉強されているみなさんは，今まで難しいと感じていた英文契約書の一言一句を容易に理解することがきっとできるでしょう。それをどんどん積み重ねていけば，スキルも向上し，英文契約の達人と呼ばれる日も近いでしょう。

索引（英語）

※語形・語順などが本文とは若干異なる場合があります。

Y

事 項 索 引

※語形・語順・訳語などが本文とは若干異なる場合があります。

《著者紹介》

牧野　和夫（まきの・かずお）

1981年早稲田大学法学部卒。1991年米ジョージタウン大学ロースクール法学修士号。1992年米国ミシガン州弁護士登録。2006年弁護士・弁理士登録。2013年ハーバードビジネススクール交渉戦略プログラム修了。2022年ジョージタウン大学グローバル通商SDGsアカデミー修了。いすゞ自動車㈱法務部・課長・審議役，アップルコンピュータ法務部長，国士舘大学法学部教授，尚美学園大学大学院客員教授，東京理科大学大学院客員教授，内閣司法制度改革推進本部法曹養成検討会委員，大宮法科大学院大学教授，英国国立ウェールズ大学経営大学院教授，早稲田大学大学院（国際情報通信研究科），東京医科歯科大学大学院，一橋大学法科大学院各講師を経て，現在，弁護士・米国ミシガン州弁護士・弁理士（芝綜合法律事務所），早稲田大学，琉球大学法科大学院，関西学院大学商学部・法学部，同志社大学商学部兼任講師，国際企業法務協会理事，英文契約書研究会座長。専門は企業法務（国内外），契約交渉，紛争解決，国内外訴訟，知的財産，情報法（ネット上の法律問題），ライセンス，M&A，IT法，人工知能法等多岐に亘る。
著書：『国際取引法と契約実務（第三版）』（中央経済社，2013），『英文契約書の基礎と実務』（DHC，2009），『やさしくわかる英文契約書』（日本実業出版社，2009），『入門　アメリカ法制度と訴訟実務』（監訳，レクシスネクシス・ジャパン，2007），『初めての人のための英文契約書の実務』『初めての人のための契約書の実務（第4版）』（いずれも中央経済社，2016）等多数。

野口　京子（のぐち・きょうこ）

慶應義塾大学経済学部卒業。日本アイ・ビー・エム株式会社，ロータス株式会社法務部を経て，2007年大宮法科大学院大学法務専門博士号。2011年カリフォルニア大学ヘイスティングズ法科大学院法学修士号。2011年〜2012年ジェニファー・チェン法律事務所（サンフランシスコ）にて研修。日本ベクトン・ディッキンソン株式会社法務部勤務。米国ニューヨーク州弁護士。

改訂
契約書が楽に読めるようになる
英文契約書の基本表現

2014年12月11日　初版発行
2022年11月15日　改訂版発行

著　者　牧　野　和　夫

発行者　和　田　　　裕

発行所　日本加除出版株式会社
本　　社　〒171-8516
　　　　　東京都豊島区南長崎3丁目16番6号

組版　㈱郁文　印刷　㈱精興社　製本　牧製本印刷㈱

定価はカバー等に表示してあります。
落丁本・乱丁本は当社にてお取替えいたします。
お問合せの他、ご意見・感想等がございましたら、下記まで
お知らせください。

〒171-8516
東京都豊島区南長崎3丁目16番6号
日本加除出版株式会社　営業企画課
電話　　03-3953-5642
FAX　　03-3953-2061
e-mail　toiawase@kajo.co.jp
URL　　www.kajo.co.jp

Ⓒ Kazuo Makino 2022
Printed in Japan
ISBN978-4-8178-4838-3